GEZEITENWELLEN

AF206689

Rosel Ebert

Für meine Weggefährten

GEZEITENWELLEN

Rosel Ebert

Impressum:
© 2017 Rosel Ebert
Titel/Gestaltung/Typografie: Rosel Ebert
Wellenzeichnung: Heinrich Jaenecke - Geschenk für Rosel Ebert
Herstellung und Verlag: BoD – Books on Demand,
Norderstedt
ISBN 9783744896658

INHALT

GEZEITENWELLE

Im Schaumbett der Gezeitenwelle,
wenn der Mond die Erde küsst,
schlägt das Leben Purzelbäume.

Rolle rückwärts bis zur Quelle.
Die Entdeckung – welch Gelüst!
Ist´s Gewissheit, sind es Schäume?

Ach, wenn ich die Antwort wüsst...

TIEFEN DER WEISHEIT

WELLENSPIELE

Ich schwebe
auf Deiner Welle.
Empor getragen
von schwungvoller Hand,
den Abgrund vor Augen.
Sehend gleite ich
sanft in das Tal.

Das Blut
kreist in den Adern.
Wie der glutrote Ball
einer Sonne
lässt es mich spüren,
was Feuer ist…

Ich steige, ich falle –
wieder und wieder.
Bis irgendwann
Deine Welle
am Überschwang
meiner Gefühle
(zer)bricht.

DER ALTE WEISE
geschrieben 2008

Mehr als acht Jahrzehnte ist es her, da wurde ein Knabe geboren. Das Wissen um die Geschicke der Welt hatte ihm niemand in die Wiege gelegt. Seine Mutter, die tiefer blicken konnte als andere Menschen, hinterließ ihm ihren Traum von einem glücklichen Leben. An der Seite eines ruhelosen Mannes war es ihr nicht vergönnt gewesen, das Tor zum Glück zu finden.

Als der Knabe heranwuchs, wurde auch er wie sein Vater ein Suchender. Er nahm sich eine Frau und hoffte, dass alle seine Wünsche in Erfüllung gingen. Doch ihr Traum vom Glück war nicht der seine. So zog es ihn wieder und wieder fort. Er lernte die Welt kennen und beobachtete die Menschen. Was er sah, schrieb er auf, und für alle, die es mit wachen Augen lesen konnten, war er ein Lehrer. Nur die eigenen Sehnsüchte blieben tief in seiner Seele verborgen. Er wusste nicht, wie und wem er sich hätte offenbaren können, ohne befürchten zu müssen, einen Teil seiner Stärke preiszugeben. Die Frau fand den Weg nicht zu seinem Herzen. Und er nicht den zu ihrem. Als seine eigenen Söhne heranwuchsen, taten sie es dem Vater gleich. Woher sollten sie wissen, dass die wahre Stärke eines Menschen darin besteht, im Einklang mit sich selbst und der Welt zu leben? Vertrauen zu geben, um Vertrauen zu finden? Geist u n d Seele zu offenbaren?

Woher sollten die Söhne die Sprache der Seele des Vaters kennen, wenn sie in vielen Jahren durch die des Geistes verdeckt geblieben war? Hatte doch der Vater selbst erst gegen Ende seines Lebens die Wahrheit der Stärke eines Menschen und das offene Tor zum Glück gefunden. Er ist nicht nur alt, sondern auch weise geworden. Deshalb wird er seine Söhne nicht der ewigen Verdammnis preisgeben, weil sie den Vater nicht verstehen können. Er wird ihnen Zeit geben, obwohl er glaubt, selbst keine mehr zu haben. Er wird nachdenken, in sich ruhen und diese Zeit finden. Er wird weiter so schreiben, wie er es gerade begonnen hat. Den Weg seines Lebens von Kind an – vielleicht auch nur ein Stück - aufzeichnen und dabei seine wirklichen Gefühle offenbaren. Er wird die Söhne und die Enkel ganz behutsam in diesen Prozess des Reifens einbeziehen. Und er wird ihnen so das offene Tor zum Glück zeigen. Auch wenn es noch einige Zeit dauern wird, bis sie ihm auf diesem Weg folgen werden. Er wird warten. Er kann warten. Denn er ist wahrhaftig ein weiser Mann...

SELBSTFINDUNG

Du hast
die Welt beschrieben
im Wandel der Zeiten.
Menschen
in ihrem Tun und Sein.
Kleine Freuden
und große Übel.

Du hast
die Welt bereist
auf endlosen Wegen.
Von gigantischen Werken
der Menschheit gepackt.
Dein Herz hat geblutet
bei Elend und Not.

Ein Weltenkenner –
geachtet
geehrt
nicht unterzukriegen.

Doch dann
irgendwann
hörte die Welt auf
sich zu drehen,
und Du verstandest,
was andere
vor Dir wussten:

Keine Beschreibung
ist so qualvoll
wie der Schmerz
der Seele,
keine Reise
so beschwerlich
wie die
zu Dir selbst.

EIN GANZ BESONDERER SCHATZ
geschrieben 2016

Es gibt Schätze, die für immer im Verborgenen bleiben. Andere kommen irgendwann einmal ans Licht, obwohl keiner nach ihnen gesucht hat. Ein solches Erlebnis ähnelt dann einem kleinen Wunder, und wir können gar nicht fassen, dass wir zufällig darauf gestoßen sind.

In der Geschichte, die ich erzählen will, geht es um einen kleinen Schatz aus dem Nachlass meiner Eltern. Er lag viele Jahre unbeachtet im Keller meiner Schwester unter diversen Schriftstücken, Fotos und alten Büchern, die so nach und nach ans Tageslicht kommen. Insbesondere deshalb, weil wir uns immer tiefer mit der Ahnenforschung beschäftigten und nach Puzzleteilchen suchen, die sich als Zeitzeugen gelebten Lebens zusammenfügen lassen.

Vor wenigen Tagen brachte mir meine Schwester ein kleines Büchlein. Ein Gedichtbändchen, kaum 14 x 10 cm groß, von gelblich-brauner Farbe, 85 Seiten umfassend. Mit dem Namen dieses Dichters konnte sie absolut nichts anfangen. Für mich allerdings war die Überraschung perfekt. Denn der Dichter, dessen Verse im Jahr 1924 unter dem bedeutungsvollen Titel „Ueberfluss des Herzens" im Arbeiterjugend-Verlag Berlin veröffentlicht wurden, ist kein geringerer als Max Barthel, der Vater unseres Poetenfreundes Karl Wolfgang Barthel. Mit seinen frühen Gedichten ist er gerade jetzt zu seinem 125. Geburtstag erneut zu verdienten Ehren gekommen.

Das Buch „Im Sturm der frühen Jahre", das Irina Magritz herausgegeben hat, enthält eine Auswahl von Gedichten, die von Inhalt und Sprache her unter die Haut gehen. Wer die Gedichte von Max Barthel aus den Jahren vor der Herausgabe des vor mir liegenden alten Bändchens kennt, der weiß, dass es sich vor allem um politische Dichtung mit revolutionärem Hintergrund handelt. Geprägt von der Sicht eines Arbeiters und den Erlebnissen des ersten Weltkrieges.

Beinahe zufällig wird aus dem alten Büchlein von Max Barthel eine Weihnachtsgeschichte. Die Widmung, die es enthält, weist uns den Weg. Ganz sicher galt sie der jungen Frau, die später unsere Mutter wurde. Warum sonst sollte sie den Versband aufgehoben haben? Wir lesen: „Von Deinem Freunde Herbert Hochrein" und fragen uns, wer das wohl gewesen sein mag. Unser Vater, den sie fast zehn Jahre später heiratete, war es jedenfalls nicht. Unter der Widmung steht fein säuberlich mit Tinte geschrieben: „Weihnacht 1928". Damals war unsere Mutter 19 Jahre alt.

Ich bin eine Liebhaberin antiquarischer Bücher. Sie haben einen unmittelbaren Zeitbezug und etwas Authentisches, das uns nicht zwingt, mit dem Spiegelbild der späteren Jahre zurück zu schauen. Wenn ich alte Bücher in die Hand nehme, ist es so, als würde ich in vergangene Zeiten zurückversetzt. So vertiefe ich mich in das Gedichtbändchen und finde Parallelen zu den Erlebnissen meines Großvaters im Ersten Weltkrieg. Dann sehe ich eine junge Frau vor mir, der ein Freund zum Weihnachtsfest kein Büchlein mit christlichen Weihnachtsliedern oder tiefsinnigen Liebensgedichten schenkt, sondern die politischen Gedichte eines Verfassers, „der durch seine Herkunft und Gesinnung eng mit der proletarischen Jugend verknüpft ist", wie es im Vorwort heißt.

Kann man das verstehen? Man kann. Unsere Mutter kam aus einem atheistischen Elternhaus, nahm an der Jugendweihe teil und gehörte der Gemeinschaft proletarischer Freidenker an, wo die Jugend aus weltlicher Sicht mit der proletarischen Kultur vertraut gemacht werden sollte. Dass Max Barthels Gedichte hier eine interessierte Leserschar fanden, lässt sich denken, und einen kleinen Beweis dafür halte ich in der Hand. Doch das Buch mit dem Titel „Ueberfluss des Herzens" könnte ebenso ein Band mit Liebesgedichten sein, von denen einige wenige tatsächlich darin zu finden sind. Und ich wünsche mir zutiefst, dass der junge Mann namens Herbert Hochrein mit diesem Geschenk an meine Mutter einen kleinen Liebesbeweis verbunden haben möge. Die Verse mit der Überschrift „Werbung" scheinen mir dafür besonders geeignet. Sie beginnen mit den Zeilen:

Ich komme nicht wie ein Sieger zu dir,
Wie du im Traum ihn sahst,
Funkelnd, mit edlen Gebärden:
Lärm und Ruß ist in mir
Vom langen Arbeitstag.
Du, ich habe kein Schloß
Und keine goldenen Spangen,
Leer ist mein Haus und einsam,
Du musst es schön machen,
Wenn du mich lieb hast. …

Das Liebeswerben eines jungen Arbeiters. Wie die tatsächlichen Gegebenheiten waren, wissen wir nicht. Aber wir wissen, dass ein Freund jener jungen Frau zu Weihnachten vor nunmehr 88 Jahren die Verse eines bekannten Arbeiterdichters als Geschenk überreichte. Max Barthels Gedankengut muss auch das ihre gewesen sein. Ein wichtiges Puzzleteilchen, wie wir finden. Denn durch die Beschäftigung mit jenem Dichter ist unsere Mutter meiner Schwester und mir plötzlich ein weiteres Stück näher gekommen. So hat es etwas Berührendes, wenn ich darüber nachdenke, dass dieser kleine Gedichtband zur passenden Zeit in meine Hände gelangte.

Anmerkung: Die junge Frau, die später meine Mutter wurde, wäre im Jahr 2017, wo sich am 24. Februar der 30. Todestag jährte, 108 Jahre alt.

FLÜCHTIGE MOMENTE

Wenn Du die Farben der Blumen
tief in Dir fühlst,
und das Wachsen der Bäume
am Duft erkennst;

wenn Du der Windbraut
wehenden Schleier berührst,
und der Kuckucksruf hundert
Jahre verspricht;

wenn das `Mama´ des Kindes
zum Liebeslied wird,
und der Vögel Gesang
wie Himbeeren schmeckt;

wenn Du im Garten der Sinne
ein Wolkenbad nimmst,
und Gedanken sich leicht
zu Fäden spinnen –

dann ist die Fantasie
zum Leben erwacht,
und die Wunder des Daseins
gehören Dir.

Flüchtige Momente –
vergangen, vorbei.
Doch die Zeit hat sie Dir weise
an den Wegrand gelegt…

DIE ALTE
geschrieben 2017

Dem alten Weiblein geht die Puste aus. Einen solchen Hüpfer hat es lange nicht mehr getan. Unversehens gerät die Alte ins Stolpern und fällt der Länge nach auf die Nase. Was für ein Missgeschick! Noch einmal sollte ihr so etwas nicht passieren. Wenn sie an früher denkt, könnte sie sich die Haare einzeln ausreißen, so sehr ärgert sie sich nun über ihren nachlassenden Schwung. Der Spaß ist ihr schon längst vergangen und wenn es so weiter geht, wird sie regelrecht traurig. Irgendetwas muss anders werden. Und zwar ganz schnell. Bloß was?

Eh und je hatte das Weib es genossen, seinen Wünschen freien Lauf zu lassen, und nie daran gedacht, dass sich einmal etwas ändern könnte. Bis – ja bis sie jenen Hüpfer tat, mit dem unsere Geschichte ihren Anfang nahm.

Nun bleibt der Alten nichts anderes übrig, als darüber nachzudenken, wie sie ihre Kräfte besser einteilen kann. Sie sinnt und sinnt. „Guter Rat ist teuer. Wer weiß das nicht?", denkt sie schon ganz mutlos. Und so wird sie vom Schlaf überrascht, der hilfreich den alten Weisen schickt, um jenen Rat zu erteilen, der dem Weiblein auf Biegen und Brechen nicht einfallen will.

„Überlege gut", spricht er nun mit einer warmen tiefen Stimme, „was Du fortan tun k a n n s t und was Du wirklich tun m u s s t. Das Maß aller Dinge steckt in Dir selbst." Dann verschwindet der Weise wie im Nebel. In melodischem Klang vernimmt die Träumende noch seine Worte: „Und denke daran: Wer schaffen will, muss fröhlich sein!"

Plötzlich ist die Alte hellwach. Der letzte Satz klingt in ihren Ohren und sie erinnert sich daran, dass jemand ihr vor vielen Jahren diesen Spruch mit auf den Weg gegeben hatte. Damals war es eine andere alte Frau – ihre Großmutter, die der Enkelin jene Botschaft in das Poesiealbum eintrug. Wie konnte sie das bloß vergessen?

Rasch will unsere Alte aus dem Bett springen. Gerade setzt sie wieder zu einem unkontrollierten Hüpfer an, als ihr die andere Botschaft des alten Weisen in den Sinn kommt: „Das Maß aller Dinge steckt in Dir selbst." Umgehend kriecht sie wieder unter die Decke und holt erst einmal tief Luft. Und plötzlich schaut sie mit Schalk in den Augen kichernd darunter hervor, setzt gelassen erst das linke Bein, dann das rechte Bein auf den Boden und beginnt nach der Melodie von Helene Fischers Song „Atemlos" mit trippelnden Schritten im Kreis zu gehen…

Wenn Ihr nun, die Ihr so wie ich auch schon etliche Jahre hinter Euch gebracht habt, neugierig fragt, wer die Alte wohl sein mag, so werde ich es Euch verraten: Das Weiblein ist niemand anderes als die Zeit, die uns im Leben bleibt. Vieles gab es zu lernen in all den vergangenen Jahren, doch nun klingen die Worte des Weisen der Alten im Ohr. Tatsächlich wird sie das richtige Maß finden müssen, mit dem sie ihrem Dasein den nötigen Schwung verleiht. Nicht zu viel, und nicht zu wenig…

Die Alte merkt, dass ihr vom vielen Nachdenken recht schwindlig wird. „Gemach, gemach", geht es ihr durch den Kopf, „für heute war die Anstrengung groß genug." Sie lehnt sich in ihrem bequemen Ohrensessel gemütlich zurück und sagt mit einem Gleichmut, der sie selbst in Erstaunen versetzt, ganze vier Worte, die zutreffender nicht sein können: „Kommt Zeit, kommt Rat!"

POEM AUF DIE RUHE

Ruhe ist Stille.

Kein lauter Ton dringt an mein Ohr.
Kein Hämmern
Kein Pfeifen
Kein Schreien.
Nur tief in meinem Innern
spielt leise Musik.

Ruhe ist Frieden.

Kein böses Wort kommt aus dem Mund.
Kein Schelten
Kein Zanken
Kein Streiten.
Nur tief in meinem Herzen
ein Stück Harmonie.

Ruhe ist Gleichmut.

Kein ferner Ruf zwingt mich zum Lauf.
Kein Eilen
Kein Müssen
Kein Drängen.
Nur tief in meinen Adern
fließt wohlig das Blut.

Ruhe ist Muße.

Kein nötig Tun hält mich in Bann.
Kein Dienen
Kein Schaffen
Kein Mühen.
Nur tief in meinem Denken
ein Hauch Poesie.

Ruhe ist Einkehr.

Kein fremder Geist treibt mich zum Wahn.
Kein Dürsten
Kein Suchen
Kein Irren.
Nur tief in meiner Seele
vollkommen ICH SELBST.

DAS ENDE
geschrieben 2016

Ein Häusermeer.
Ein Autopark.
Straßen von grauem Asphalt.

Seit langen Zeiten steht er hier an diesem Platz. Die Jahre haben ihre Spuren hinterlassen, doch auch jetzt noch ist seine Gestalt von stattlicher Schönheit. Stolz wie einen Orden trägt er für alle sichtbar ein Herz der Liebe. Für immer und ewig wurde es ihm geschenkt.

Damals kam es ihm vor, als befände er sich inmitten einer Oase der Ruhe. Trotz des Treibens, das eine Großstadt mit sich bringt. Die Menschen hielten an, wenn sie ihn sahen. Sie lachten und scherzten. Sie genossen seine Nähe und er die ihre. Wenn er durstig war, gaben sie ihm frisches kühles Wasser zum Trinken. Er konnte atmen, ohne dass eine dicke Dunstglocke über dem Boden hing.

Irgendwann wurde alles anders. Gedankenlose Menschen kamen mit riesigen Baggern. Sie begannen zu graben und entfernten auch das letzte bisschen Grün. Dann gossen sie Beton über seine Füße und waren zufrieden. Schaute er fortan um sich, so sah er nichts als Autos. Die Menschen eilten von Hektik getrieben an ihm vorbei und fuhren davon. Kein Blick mehr war ihm vergönnt und kein Trank. Immer mehr nahmen sie ihm die Luft zum Atmen.

Er sinnt darüber nach, was er den Menschen getan hat, dass sie seinen Wert nicht achten. Selbst dann nicht, wenn er sich ihnen zur Freude in sein schönstes Gewand kleidet. Noch niemals hatte er so wie jetzt das bange Empfinden, im Wege zu sein. Immer wieder stellt er sich die Frage „Warum"?

Näher und näher kommt das kreischende Geräusch, das ihn erzittern lässt. In seiner Not streckt er die Arme zum Himmel, als wolle er um Gnade bitten. Unbarmherzig nimmt das Schicksal seinen Lauf. Als die Wehmut ihn vollends ereilt, ist er bereits am Fallen…

Das Ende.
Der Baum hat seine Schuldigkeit getan.
Und was kommt dann?

Anmerkung:
Wir werden diesen Baum schmerzlich vermissen. Doch die Assoziation, dass es sich ebenso um einen alten Menschen handeln könnte, macht den Schmerz fast unerträglich.

DIE COLLAGE oder
DAS BILD DES LEBENS

Flicken, bunt und farbenfroh,
mit Motiven so und so,
einmal groß und einmal klein,
das Gewebe grob und fein,
Dreieck, Rechteck, oftmals krumm,
schiefe Nähte drum herum,
Falten, Risse sieht man auch,
durch zu häufigen Gebrauch,
Zacken und nicht wenig Ecken,
ausgebleicht und voller Flecken,
eben wie ein altes Haus –
so sieht die Collage aus!

MUMIEN VON NANCY TORRES
Eindrücke
geschrieben 2016

Ich betrete den Raum und befinde mich mitten unter ihnen. Fast unwillkürlich halte ich den Atem an. Die Atmosphäre höhlenartig. Die Wände schwarz behangen. „Assemblage und Stoffskulpturen", wie es auf der Einladungskarte zur Ausstellungseröffnung heißt, von gedämpftem Licht angestrahlt. Was für eine gelungene Darstellung! Die kleine Galerie in der Grünstraße von Berlin-Köpenick erscheint mir wie geschaffen dafür.

Ich schaue geradeaus, und mein Blick fällt wie zwanghaft auf die Stoffskulpturen: 90 x 40 cm groß, lese ich in den Erläuterungen zur Ausstellung. Die kleinsten Skulpturen, im Fenster platziert und nur 20 x 20 cm groß, hatten bereits mein Interesse geweckt, noch bevor ich die Galerie betrat. Etwas größere sah ich dann in der oberen Etage. Und nun stehen die größten von ihnen vor mir. Besser noch: Ich stehe vor ihnen. Mumien, eingepackt in Leinwand. Die Köpfe aus Holz oder anderen Naturmaterialien – menschenähnlich, tierähnlich. Mir scheint, als habe Nancy Torres sie mit Pfeilen ausgestattet. „Wächter" sagt mir meine Fantasie sofort. „Zurückhaltung" heißt das erste Gebot, das sie mir vermitteln. „Ehrfurcht" das zweite. „Die Schätze bewahren" das dritte. Natürlich weiß ich, dass wir all das nur können, wenn es uns gelingt, die Vergangenheit mit den Augen von heute zu sehen und zu verstehen. Und genau an diesem Punkt bin ich mit meinen Gedanken bei Krieg und Zerstörung, bei Vernichtung Jahrtausende alter Kulturen, bei Mord und Totschlag, bei Hunger und Not. Bei all dem, was die Inkas erleben mussten und was so gegenwärtig ist.

Interessiert folge ich den Ausführungen der beiden Frauen, die uns durch die Galerie geleiten, und spüre geradezu die Liebe und Treue der Inkas zu ihrem Herrscher sowie die Verbundenheit der Menschen dieses Volkes untereinander mit all dem, was die Ahnen jeder weiteren Generation mit auf den Weg gegeben haben. Mir graust vor der Brutalität, Gier und vor den Mordgelüsten der spanischen Eroberer. Und wieder denke ich an heute und jetzt.

Mit diesen Überlegungen wende ich mich den Objekten an den Wänden zu. Assemblagen. Ich habe mich informiert: Dabei geht es um Collagen mit plastischen Objekten, die auf einer Grundplatte befestigt sind. Kunstwerke mit reliefartiger Oberfläche. Diese hier haben in ihrer Größe und Ausstrahlung etwas Gewaltiges von ungeheurer Wirkung auf jeden, der sie in die Zeit und ihre Geschehnisse einzuordnen vermag. Auf jeden, der das Gegenständliche hinter Textilien, Glas, Holz, Gips, Stroh und Drahtgeflecht wahrnehmen kann.

Obwohl ich keine Malerin bin, lasse ich mich von den Farben beeindrucken, die Nancy Torres wohlüberlegt eingesetzt hat. „Gold" ist wohl die wichtigste Farbe, mit der sie auf die Schätze der Inkas und auf den Wert alltäglicher Gegenstände hinweisen will. Platziert in den wie Münder geöffneten Bäuchen sprechen sie zu uns.

Nein, ich schaue nicht auf die Namen, die die Künstlerin diesen Mumien verliehen hat. Sie sollen so auf mich wirken, wie ich sie sehe. Da ist die eine, bei der der Kopf vor allem spricht. Knöchern – ein Totenkopf, wie wir ihn aus dem Biologieunterricht oder aus der ärztlichen Praxis kennen. Ein Menschenkopf mit abstehender Mähne aus lila Fäden. Die Farbe Lila hat für mich schon seit eh und je etwas Würdevolles. Diese Mumie flößt mir Respekt ein, während mich bei der nächsten vor allem die goldglänzenden Gegenstände unterschiedlicher Art in dem geöffneten Bauch anziehen. So als wolle sie sagen: „Schaut her, seht, über welchen Reichtum die Menschen verfügen – im Kleinen und im Großen, im Alltäglichen und im Besonderen. Gestern und heute." Selbst jenes, was eigentlich farblos und unscheinbar anmutet, erhält in diesem Licht einen besonderen Glanz.

Und weiter: Bei der nächsten Mumie ist der geöffnete Bauchraum mit all seinen Kostbarkeiten von einem dünnen Netz überzogen. „Wir sollen die Schätze bewahren", denke ich. Sie gehören nicht einem einzelnen, sondern allen Menschen. Eine Botschaft, die mich nachdenklich stimmt. Dann wiederum bin ich beeindruckt von dem Gegensatz, den ich zu all dem vorherigen Glanz in der folgenden Gestalt wahrnehme. Sie wirkt auf mich, als wolle sie sich zurücknehmen in ihrem fast trist wirkenden Leinengewand. Als sage sie: „Auch Bescheidenheit hat ihren Wert." Bei ihr bleibt die Pracht im Verborgenen. Noch bemerkenswerter das nächste Objekt. „Leer und ausgeraubt" denke ich sofort. Und doch – vielleicht gerade aus diesem Grund – hat auch jene Mumie eine Aussagekraft, die mich fesselt. Es ist das, was uns bleibt, wenn wir nicht achtgeben. Eine Mahnung, eine Warnung. Von Nancy Torres eindrucksvoll in Szene gesetzt.

Nun wende ich mich der Collage zu, die mich sofort an die allgewaltige Ur-Ur-Ur-Ahne erinnert. Im Gegensatz zu Nancy Torres – was ich allerdings erst später registriere – weise ich ihr eine weibliche Rolle zu. Sie ist für mich die Schutzpatronin allen Lebens. Bedenkenlos würde ich mich unter ihrem breiten leinenen Körper verstecken, wenn Gefahr droht. Vielleicht habe ich ohne es zu wissen an die Mutter Erde gedacht. Das Unbewusste geht mitunter seltsame Wege… Noch eine Mumie bleibt. Für mich passt sie zu dem Bild, das mir gerade durch den Kopf ging. Orientiert an den Elementen, die sie uns präsentiert, gebe ich ihr die Bezeichnung „Natur". Was ist erhaltenswerter als sie?

Damit schließt sich der Kreis. Noch immer weiß ich nicht genau, wie Nancy Torres die Collagen mit dem Blick, der Fantasie, der Intuition und dem Wissen einer großen Künstlerin sah. Wie auch immer. Ich bin mir sicher, dass wir einen gemeinsamen Weg beschreiten.

MALERISCHE SICHTWEISEN

Wenn sich Gedanken – intuitiv –
mit Gefühlen verbinden
und in sinnlicher Wahrnehmung
Ausdruck finden,
dann ist das, was wir festhalten,
vom Sein ein Moment,
den niemand so gut
wie der Künstler kennt.

Doch jeder Betrachter
schaut anders hin.
So wird es am Ende
ein Riesengewinn:
Die Bilder erscheinen
in vielen Versionen –
das Wissen darum,
wird den Künstler belohnen.

GRENZEN DER MENSCHHEIT
Kleine Philosophie für Amalie
geschrieben 2006

Tränen. Die Worte verschwimmen vor meinen Augen. Wann habe ich das letzte Mal geweint? In meinem Kopf schwirren die Gedanken. Mein Bauch wehrt sich gegen das aufkommende quälende Gefühl. Wenn ich nicht achtgebe, wird mich das Labyrinth der Vergangenheit verschlingen. Die Erinnerung gleicht einer Traumtänzerin. Eingehüllt in einen Sari, dessen schier endlos anmutende Bahnen unergründlichen Stoffes der wahren Gestalt Unkenntlichkeit verleihen. Verwirrend das Wechselspiel der Farben. Gerade noch tiefes Schwarz sternenloser Nächte, jagen blitzartig grellbunte Töne durch den Raum. Bis sich fast wie von selbst das Spiel aufzulösen beginnt im Nichts schlohweißer Flecken. Das Antlitz des magischen Wesens bleibt versteckt hinter nebelhaften Schleiern. Grau in Grau. Wären da nicht die unzähligen Tropfen klaren Wassers, die glänzenden Perlen gleich den Nebel durchdringen.

Tränen. Die Worte verschwimmen vor meinen Augen. Ich wische sie weg, um sehen zu können. Den Zeilen zu folgen, die auf unverhoffte Weise in meine Hände gelangten. Ich denke an das Mädchen, das sie an der Grenze zwischen Kindheit und Erwachsensein schrieb. Wie lange ist das schon her? Und ich denke an den Mann, der – nun selbst schon fast 80jährig – seine zu früh verstorbene Mutter mit ihren Tagebuchaufzeichnungen zu neuem Leben erweckt.

Amalie – von allen, die sie kannten, nur Mally genannt – war ein außergewöhnliches Mädchen. Ausgestattet mit überdurchschnittlicher Intelligenz und präziser Beobachtungsgabe, klarem Denken und tiefem Gefühl, stark und zerbrechlich zugleich, hatte sie es im Alter von 16 Jahren schwer, mit ihren Gedanken und Träumen ernst genommen zu werden. Sie sah mehr von ihrer Umwelt als die anderen Altersgenossen. Stellte Fragen, auf die die Erwachsenen keine Antworten wussten. Letztendlich versuchte sie, die Rätsel der Welt selbst zu entschlüsseln.

Im Kriegsjahr 1916 gibt dieses kluge, tiefgründige, emotional mit sich alleingelassene Mädchen ihre Gedanken dem einzigen Vertrauten preis, den sie hat, ihrem Tagebuch. Der Vater politisch stark engagiert, die Mutter mit dem Haushalt, vier erwachsenen Söhnen und der Tochter rundum ausgelastet, die Brüder von der Mobilmachung betroffen. Niemand hat Zeit und Muße, der Heranwachsenden die Fragen zu beantworten, die sie in ihrem tiefsten Inneren bewegen.

Beim Lesen sehe ich sie vor mir. In der Familienchronik befindet sich ein altes Foto. Schon fast vergilbt, und doch sind die Personen darauf gut zu erkennen. Die Familie hat sich im Garten an einem runden Tisch zusammengefunden. Es ist der 3. September 1916. Das zweite Jahr eines barbarischen Krieges, der auch sie nicht verschont. Am Tisch zwei der anwesenden drei Söhne in Uniform. Einer der Söhne fehlt. Wir kennen den Grund nicht, doch wird auch er zehn Tage später zum Heeresdienst eingezogen. Die Mutter lächelt. Noch ahnt sie nicht, dass zwei ihrer Söhne im Jahr darauf den „Heldentod" für Kaiser, Gott und Vaterland sterben. Amalie, mit 16 Jahren so alt wie das Jahrhundert, sitzt links neben dem Vater. Fast schon eine junge Frau, mit großen wachen Augen. Niemand würde vermuten, dass jenes Feinsinnige ihrer Gedanken und Gefühle die Seele des Mädchens oftmals fast zu zerreißen droht. Was mag in ihr vorgegangen sein an einem solchen Tag?

Am 8. September 1916 schreibt sie in ihr Tagebuch:

27

„Ich fühlte mich schon tagelang in so ungewisser Sorge und ängstlicher Stimmung. Es war die Sorge um meinen lieben Freund Willi ... .Ich hatte ihn so gern. 11 Jahre war ich alt und er 13, als wir uns kennen lernten. ... Schon damals war der arme Junge immer kränklich. Sein Herz war zu schwach, und er war lungenkrank. ... Am 2. September war er von 10 Uhr an bewusstlos und lag mit geschlossenen Augen da. Noch einmal baten die armen Eltern ihn: ‚Willy, sieh uns doch an.' Er schlug die Augen auf und dann... er war todt....“

Der Tod und was wird danach? Eine Frage, die für Mally wachsende Bedeutung erlangt. Vor dem Hintergrund des Krieges mit Millionen Toten sollte das nur zu verständlich sein. Und nun schlägt der Sensenmann in unmittelbarer Nähe zu. Wenn auch nicht auf dem Schlachtfeld, so verliert sie doch einen nahestehenden Menschen. Bald werden es die Brüder sein. Wem aber kann sich das Mädchen anvertrauen mit seinen Sorgen und Ängsten? Am gleichen Tag schreibt sie weiter in das Tagebuch:

„Ich war heute an seinem Grab und habe noch einmal alles überdacht. Ich habe mich schon so oft gefragt: Was wird aus dem Menschen nach seinem Tode? Die Christen erhalten die ewige Seligkeit. Ich bin kein Christ. Was wird aus mir? Der Pastor sagte bei der Leichenfeier, für die Gottlosen gibt es nichts als den Tod. Aber ein ehrenwerter Mann wird doch weiterleben, ob Christ oder nicht. Stets wird man sich gerne seiner erinnern und in Liebe gedenken. Das ist das Fortleben der Seele.“

Doch Mally wäre nicht sie selbst, wenn sie nicht versuchen würde, das Knäuel weiter zu entwirren. Seit je her haben die Philosophen nach Erkenntnis und Wahrheit gestrebt. Warum nicht auch ein junges Mädchen, das Anfang des 20. Jahrhunderts in einem sozialdemokratisch geprägten Haus aufwächst und den Vorzug genießt, eine höhere Schule zu besuchen? Sicher nicht zufällig ist es gerade der Bußtag, an dem Mally den Faden weiter spinnt. Das Thema „Was ist Gott?" führt sie am 22. November 1916 zu einer, wie sie selbst sagt, großen Frage:

> *„Eine ... große Frage, die mich in dieser Zeit beschäftigt, ist: Wozu leben die Menschen? Hierin habe ich nicht den geringsten Stützpunkt gefunden. Ich habe mir verschiedene große Männer vorgenommen: Napoleon, Bismark, Bebel. Sie haben in sehr verschiedener Weise gelebt. Der große Monarch für sich und seinen Ruhm. Der gewaltige Staatsmann für seine Nation und für seinen Kaiser, und der erfolgreichste der Sozialisten hat für sein Volk gelebt. Alle drei hatten sich große Lebensaufgaben gesteckt. Sie wollten entweder die äußere Macht oder die innere ihres Volkes stärken. Sie haben für ihre Mitmenschen gestrebt und gewirkt. Dann sind sie gestorben, wie alle Menschen, wie der geringste unter ihnen. Sie sind nicht mehr, und die Menschheit geht ihren Lauf weiter. Wie Goethe es so schön ausdrückt in seinem Gedicht `Grenzen der Menschheit´, so ist es in meinem Geiste. Die Welt ist wie ein Meer. Die Menschen werden von den Wellen emporgetragen, um dann zu versinken. Ein kleiner Kreis beendet ihr Leben. Ja, wozu haben sie dann erst gelebt?"*

Es ist die Frage aller Fragen, vor der irgendwann jeder Mensch steht. Mancher auch mehrmals. Vielleicht finden die meisten von ihnen darauf nie eine Antwort. Ich weiß nicht, ob Mally sie jemals gefunden hat. Viel Zeit dafür ist ihr nicht geblieben. Im Alter von nur 31 Jahren starb sie an Leberzirrhose. Und doch erfüllte sich der Sinn ihres Lebens vor allem in zwei Söhnen, von denen der eine jetzt die Gedanken der Mutter an die Nachkommen weiterreicht. Hat nicht Goethe in seinem Gedicht „Grenzen der Menschheit" genau das sagen wollen? „Ein kleiner Ring begrenzt unser Leben, und viele Geschlechter reihen sich dauernd an ihres Daseins unendliche Kette." Allerdings: Amalie ist erst 16 Jahre alt, als sie das Tagebuch schreibt. Sie hat Fragen und sucht Antworten. Vor allem jene nach des Lebens Sinn. Goethes Fazit scheint nicht das ihre zu sein. Warum sonst wohl hat sie den Schluss „vergessen"?

Ich schlage das Buch zu und kehre zurück in die Wirklichkeit. Meine Tränen sind versiegt. Es fällt mir unendlich schwer, mich von dem Mädchen und seinen Gedanken loszureißen. Ihre Fragen – so alt wie die Menschheit – sind sie nicht aktueller denn je? Was, wenn Mallys 16jährige Urenkelin Tabea, der das druck- frische Buch in Analogie als Geschenk zugedacht ist, das Gleiche wissen will? Wer wird ihr darauf eine schlüssige Antwort geben? Wozu also leben die Menschen? Was können sie anfangen mit sich und der Welt? Was voll- bringen, was vollenden? Kann der Mensch etwas hinter- lassen an Unsterblichkeit, wo ihm doch Grenzen gesetzt sind?

Plötzlich stoße ich überall auf „Grenzen". Selbstver- ständlich nur im wörtlichen Sinne. Ich blättere meinen Kalender um. Auf der Seite des jeweiligen Monats steht ein Spruch. Nun für den kommenden: „Die Grenzen unseres Denkens sind die Grenzen unseres Erfolges." Reicht das an Wahrheit aus, um die Frage nach dem Sinn des Lebens zu beantworten? Hätte sich Mally damit zu- frieden gegeben? Und Tabea? Was ist mit ihr?

Unerwartete Hilfe kommt von einem Mann, in des- sen Wirken sich Kreativität und Weisheit zu verbinden scheinen. Beim Durchblättern der Zeitung sticht mir eine Überschrift förmlich ins Auge: „Wo die Grenzen des Möglichen sind". Hier geht es um den französischen Architekten Jean Nouvel. Kürzlich wurde seine jüngste Arbeit eingeweiht, das Musée du Quai Brandly in Paris.

Für Berlin entwarf er die Galeries Lafayette. Was er in seinem Interview zu sagen hat, kommt dem, wonach wir suchen, schon ziemlich nahe:

„Ich habe das unangenehme Gefühl, dass unsere Zeit begrenzt ist. Deshalb versuche ich, den Augenblick, das Leben mit jeder Faser zu genießen... Ich will Lust am Leben spüren. Mir Situationen schaffen, die meine Lebenslust steigern, die mir entsprechen und an denen ich meine Freude habe....Ich habe eine ungeheure Sehnsucht und das ist die Zukunft... Was mich dabei am meisten begeistert ist, etwas herausfinden zu können, von dem es mir scheint, eine Spur zu haben, die ich aber nicht ganz kenne ...“

Wie heißt doch der Spruch auf meinem Kalenderblatt? „Die Grenzen unseres Denkens sind die Grenzen unseres Erfolges." Unendlich vieles ist möglich. Immerhin besitzt der Mensch die Gabe der Erkenntnis. Auch um begreifen zu können, wozu er lebt. Und da sollten wir uns vor Grenzen fürchten?

Wie gern hätte ich Mally eine Antwort gegeben, gemeinsam mit ihr nach dem göttlichen Paradies gesucht, das auch einem Atheisten Einlass gewährt. Vielleicht wären wir beide in einen Briefwechsel getreten, der uns tiefer und tiefer in die Geheimnisse des Daseins geführt hätte. Und in die Lebensphilosophie einer besonderen Familie. Denn Amalie, genannt Mally, war nicht mehr und nicht weniger als die Tochter des Ersten Reichspräsidenten der Weimarer Republik, Friedrich Ebert.

DULCINEA

Du gleichst
dem Sommertag
 – strahlende Schönheit –
der die Sinne weckt
 und das Herz
erwärmt.

Du begegnest mir
in der Welt meiner Träume
– schlafender Engel –
auf dem verschlungenen Pfad
jenseits
der Wirklichkeit.

Du bist
die Fata Morgana
– Schicksalsgöttin –
am Horizont
eines goldenen Meeres
aus Sand.

Ich sehe Dich
im Spiegel meiner Seele.
Durch Poesie
dieser Verse
wirst Du
lebendig:

– DULCINEA –

DES HERZENS WELLENSCHLAG

HEIMAT

In meiner Heimat bin ich alle Zeit daheim.
Das Wort in seiner Tiefe bin ich selbst.
Es ist ein leichtes Wort voll Innigkeit.
Es ist bei diesem Wort, wie wenn der Regen
mit seinen Tropfen unsre Erde
und die Rosen tränkt.
In meiner Heimat bin ich alle Zeit daheim.

geschrieben in Anlehnung an Gerhart Hauptmanns Gedicht
„AusTagebüchern" Wo ich daheim bin, bin ich nicht daheim…

AUF DER SUCHE NACH DEM GEHRENSEE
Für Manfred
geschrieben 2004

Ein fantastischer Sonntag im Juni erwartet uns. Wir sehen aus dem Fenster und wissen sofort: Heute ist Wandertag. Doch wohin soll es gehen? Keine Frage: Natürlich zum Gehrensee! Schon einmal blieb er für uns im Verborgenen, und wir haben die Suche nach ihm aufgegeben. Aber diesmal ist alles klar. Mein Mann Georg zumindest hat eine genaue Vorstellung, wo wir unseren See finden können…

Zunächst fahren wir mit dem Auto über Mehrow nach Ahrensfelde. Hier parken wir und marschieren weiter zu Fuß: Immer die Straße entlang, über die Kreuzung zwischen Ahrensfelde, Marzahn und Hohenschönhausen, dann über die Bahngleise in Richtung Falkenberg. Auf der rechten Seite beginnen die Wiesen. Wir sehen Grün über Grün und dazwischen rote, blaue und gelbe Tüpfel. Weiter hinten Bäume, Sträucher und eine neue Siedlung mit Einfamilienhäusern. Nur einen Weg – den sehen wir nicht! Trotzdem schwenken wir von der Straße ab. Ich zuerst, Georg hinterher. Was bleibt ihm auch anderes übrig? Und jetzt nehmen die Farbtüpfelchen Gestalt an: roter Mohn, blaue Kornblumen, Raps – wie verstreut. Querfeldein geht es in Richtung Gehrensee. Georg ist skeptisch. Sein Weg war ein anderer. Aber was soll´s? Irgendwo inmitten dieser Landschaft wird sich der See befinden – muss er sich befinden!

Noch bevor wir uns richtig orientieren können, ist die Welt mit Brettern vernagelt. Eine Baustelle! Selbstverständlich hat Georg so etwas schon vorausgesehen. Bei meiner Spontanität kann man mit allem rechnen. Also umkehren? Ich entdecke einen Spalt in der Bretterwand und spähe hindurch. Auf der anderen Seite führt an der Rückwand der Häuserfront ein schmaler Pfad ins Ungewisse. Oder zum Gehrensee. Ich bin optimistisch, und Georg gibt sich geschlagen.

Nur wenige Meter, dann umfängt uns erneut eine wildromantische Landschaft. Hohes Gras bis über die Knie, kleine weiße Margeriten, gelber Löwenzahn, fast schon verblüht. Und überall, wohin die Blicke schweifen, zarte blaue Wicken. Heckenrosen in blassem Rot geben dem Bild etwas Vollkommenes. Mitten durch die Wiesen geht unsere Wanderung. Am Ende finden wir schließlich den richtigen Weg…

Entlang eines Hügels gehen wir nach links. Hier sind die Häuser zum Greifen nahe. Eine Straße führt weiter bis zu den Stallungen des Reiterhofes. Wir schnuppern „Landluft" und weiden uns an der Urwüchsigkeit eines Pferdes, das mutterseelenallein fressend in seiner Koppel steht. Weder von uns, noch von dem winzigen braun-weiß-gefleckten Hund mit dem kitschigen royal-blauen Lederhalsband lässt dieses Pferd sich aus der Ruhe bringen. Warum sollte es uns heute anders gehen? Wir genießen die Natur, die Wärme und die Zeitlosigkeit ebenso wie die Weite des azurblauen Himmels mit seinen Schäfchen- und Kumuluswolken…

Auf der anderen Seite der Häuserreihe erhebt sich ein weiterer Hügel. Zwischen ihm und der Siedlung verläuft ein Graben, umwachsen von Bäumen und Sträuchern. Längs dieses Hügels schlängelt sich ein schmaler Wanderweg, ein zweiter auf seinem Kamm. Wir können es nicht lassen, auf den Hügel zu steigen. Vor uns liegt eine grasbewachsene Senke. Ein anderer Hund tollt umher. Ich verspüre riesige Lust, es ihm gleich zu tun, doch eine innere Stimme hält mich zurück. Bloß nicht zu Schaden kommen!

Also spaziere ich gesittet mit meinem Mann zwischen Hügel und Graben auf dem schmalen, von weißem und rotem Klee bewachsenen Pfad und versuche, jedes Detail in mich aufzunehmen. Auch Georg wird einbezogen. Das, was ich sehe, kann er exakt benennen: die Erlen und Weiden auf der Seite des Grabens. Sie könnten einst Goethes Inspiration zu seinem „Erlkönig" gewesen sein. Auf der Seite des Hügels Sommerflieder, Holunder, ein rosenähnlicher Strauch mit bläulichgrünen Blättern und zarten rot-weißen Blüten. Wieder und wieder, den ganzen Weg entlang. Dazwischen Ebereschen und wilder Wein. Schnecken haben es sich auf seinen Blättern gemütlich gemacht. Vögel singen ihre Lieder…

Hier, inmitten dieser Pracht, nur Georg und ich! Fast könnte man glauben, im Paradies zu sein – allein wie Adam und Eva. Wenn uns da nicht ganz gemächlich ein anderes Pärchen entgegenkäme: eine junge Frau und ein

Kind, das vergnügt in seinem Wagen sitzt. Sie ziehen an uns vorbei, und wir lächeln uns an. Ganz spontan drehe ich mich später noch einmal um. Ich sehe beide am Wegrand Blumen pflücken. Auch für jene Mutter scheint heute die Zeit still zu stehen.

Schon erkennen wir das Ende des Weges. Hier bricht auch der Kammweg ab. Beide vereinigen sich bei einer Tafel, auf der genauere Informationen zu dem grünen Fleckchen am Rande der Stadt zu lesen sind. Bis in die sechziger Jahre des zwanzigsten Jahrhunderts hinein befanden sich hier Rieselfelder. Nunmehr, erfahren wir, gehört dieser Bereich zum Naturschutzgebiet Barnim und bleibt damit unverfälscht der Nachwelt erhalten.

Zufrieden über die kluge Entscheidung wollen wir nun doch noch einen Blick über den Kamm riskieren. Was wir sehen, ist ein Stück Allee mit Obstbäumen, Ebereschen und Linden. Dahinter eine andere Koppel. Zwanzig Pferde kann ich zählen – drei tiefbraune, drei weiße und vierzehn mittelbraune. Ebenso wie das erste Pferd nehmen sie von uns keinerlei Notiz. Aus der Ferne schallt Hundegebell herüber. Georg erinnert sich an ein Tierheim, das vor kurzem hier eröffnet wurde. Auch diese Laute passen in die Landschaft…

Noch einmal wenden wir uns der neugebauten Siedlung zu und begeben uns auf die Straße in Richtung Stadt. Die Häuser, mit ihren liebevoll angelegten Vorgärten, gefallen uns. Hie und da bleiben wir stehen, betrachten die Vielfalt der von den Bewohnern sorgsam ausgewählten Blumen. Die blauen Töne ziehen uns besonders in ihren Bann: Fingerhut, Schwertlilien, Glockenblumen – in zartem und kräftigem Farbenspiel. Wir denken an blaue Schwerter und den Schimmer des Meeres. Selbst die „Blaue Mauritius"-Briefmarke fällt uns ein.

An der Hauptstraße stoßen wir auf eine stilvolle kleine katholische Kirche. Es scheint so, als sei sie erst in letzter Zeit erbaut worden. Die majestätische Buche neben dem Eingangsbereich beeindruckt mit dunklen blutroten Blättern. Das Glockenspiel erklingt. In diesem stimmungsvollen Augenblick sind wir beinahe wunschlos glücklich!

Haben wir nicht alles gefunden, was wir an diesem Tag gesucht hatten? Fast bin ich geneigt, aus voller Kehle „Ja" zu schreien, wenn da nicht noch ein ganz kleines Stückchen fehlen würde: der Gehrensee!!! Wieder einmal blieb er im Verborgenen. Noch immer verfolgen wir seine Spur. Bei einem Wirt, dessen Himbeerweiße uns als Erfrischung gerade recht kommt, fragen wir nach. Er wiederum fragt einen Ortskundigen. Was hören wir? Der Gehrensee wurde fast zugeschüttet. Nur ein Rest des Wassers soll noch zu sehen sein…

Wo aber, wollen wir nun wissen, ist dieser blaue Fleck, den alle Pläne mit der Bezeichnung „Gehrensee" versehen? Leicht verwirrt reift in uns die Erkenntnis, dass wir diesen Punkt ohne den richtigen Pfadfinder niemals entdecken werden. Georg sieht mich an, ich ihn. Wir denken beide an unseren Freund, der diese Gegend kennt wie seine Westentasche. Gemeinsam, fast wie aus einem Mund, sprechen wir das Zauberwort: MANFRED!

Anmerkung: Aus unserer gemeinsamen Suche nach dem Gehrensee unter Manfreds Führung wurde eine Winterwanderung. Preisfrage, was wir da fanden: Vor uns lag der schäbige Rest des „Sees" in Eis verwandelt. Eine gewaltige Entdeckung!

MÄRCHENHAFTES

Eine kleine Libelle am Uferweg
führt uns zu der Stelle, wo einst ein Steg
dem Angler bereits im Morgenrot
ein stilles trautes Plätzchen bot.
Wo die Natur sich selbst gehört,
da war er völlig ungestört.
Wo Blässhühner und graue Reiher
und morgens noch ein Nebelschleier
den gänzlich unberührten Strand
verwandeln in ein Märchenland.
Beim Schritt in die Vergangenheit –
in längst vergessne Kinderzeit,
wird uns das dumme Herz ganz weit!

Wir suchen nach dem alten Glanz.
Es scheint, als schwände er bald ganz.
Die kleine Libelle am Uferweg
fliegt mit einer Welle zum anderen Steg…

CURT GROTTEWITZ
Zwischen Friedrichshagen und Müggelheim
geschrieben 2017

Wir befinden uns in der Zeit um Neunzehnhundert. Auf heimatlichen Gefilden zwischen Friedrichshagen und Müggelheim streift ein Wanderer frohen Mutes durch das Jahr. Immer wieder ist es ein Sonntag, an dem er die Schönheiten der Natur mit wachem Auge erkundet – ihre Besonderheiten des Wachsens und Werdens ebenso wie des Vergehens. Monat für Monat können wir ihm folgen und erfahren, was die Müggelseelandschaft dem naturverbundenen Menschen bietet und was es zu entdecken gibt in einem Stückchen Wald, an einem Feldrain, in einem silberflimmernden See. Der Wanderer sieht aber auch die Frevler und klärt sie auf – über das, was sie der Natur und sich selbst antun.

Derjenige, der diesen Wanderer in seiner Fantasie auf Reisen schickt, gab ihm den schwungvollen Namen „Herr Tanzmann". Und wir, die wir selbst poetische Texte schreiben und aufs äußerste angetan sind von den Naturschilderungen, versuchen zu ergründen, wer sich hinter einem solchen Namen verbirgt. Dabei stoßen wir auf einen Mann mit Namen Curt Grottewitz alias Dr. phil. Curt Pfütze. Wohnhaft seit 1901 in Müggelsheim 15. (heute Alt-Müggelheim 15). 1866 in Grottewitz/ Sachsen geboren, wählte Curt Pfütze den Namen seines Geburtsortes als Pseudonym. 1901 kaufte er in Müggelheim eine größere Wirtschaft, die ihm, seiner Frau und vier Kindern den Lebensunterhalt sichern sollte. Aber bei allem Fleiß brachte sie nichts ein. Auch seine schriftstellerische Tätigkeit machte aus Grottewitz keinen reichen Mann.

Bekannt als Begründer der Arbeiter-Wanderbewegung, durchstreifte er die Naturschönheiten der Berliner Müggellandschaft. Er beschrieb und empfahl diese wunderbaren Seen und grünen Wälder mit dem Ziel, die städtischen Arbeiter für die Natur zu interessieren. Was inzwischen fast in der Versenkung verschwunden ist, holen wir nun wieder an die Oberfläche:

Curt Grottewitz gehörte dem „Friedrichshagener Dichterkreis" an, der bekanntermaßen von Wilhelm Bölsche und anderen ins Leben gerufen wurde. Hier trafen die beiden zusammen: Der promovierte Naturwissenschaftler, Schriftsteller, Germanist Grottewitz und Wilhelm Bölsche. Bölsche hatte Philosophie, Kunstgeschichte und Archäologie studiert. Er war also kein Naturwissenschaftler wie Grottewitz, interessierte sich aber für naturwissenschaftliche Themen. Es war die Zeit des Naturalismus, und so hatten beide die Propagierung einer naturnahen Lebensweise in für Laien verständlicher Form, die Anwendung von Naturheilverfahren und ähnliches in den Mittelpunkt ihrer schriftstellerischen Tätigkeit gestellt.

Bis – ja bis die gemeinsame Arbeit unverhofft ein jähes Ende fand. Am 16. Juli des Jahres 1905 ertrank – verstrickt in zähes Wasser-Unkraut des Seegrundes – Curt Grottewitz im Alter von 39 Jahren beim Baden in der Großen Krampe. Wie oft war er hier geschwommen, und wie oft hatte er dieses Landschaftsbild beschrieben! Nun hatte das Schicksal auf tragische Weise zugeschlagen.

Was lag näher, als dass Wilhelm Bölsche nach dem plötzlichen Tod von Grottewitz dessen Arbeiten einem breiten Leserkreis zugänglich machen wollte. Dazu gehören sowohl das Buch mit den Wanderungen von Herrn Tanzmann „Sonntage eines großstädtischen Arbeiters in der Natur" als auch „Unser Wald. Ein Volksbuch." Bölsche unterstützte die Herausgabe dieser Werke, sodass Grottewitz nach 1906 einer der meistgelesenen Autoren bei Natur- und Wanderorganisationen sowie in der naturverbundenen Arbeiterschaft wurde.

Bölsches Vorwort „Zur Erinnerung an Curt Grottewitz" – geschrieben zu dem in dunkelgrünem Leinen eingebundenen Buch über die Sonntage des Arbeiters – beginnt mit einer Passage, die den Adressaten Anfang des 20. Jahrhunderts aus dem Herzen gesprochen sein dürfte:

„Ich fahre mit der Stadtbahn durch den Osten von Berlin. Dicht, fast bis zur Berührung, streift der Zug an den rauchge-

schwärzten, kahlen Hofseiten der ärmlichen Mietskasernen mit ihren unzähligen trüben Scheiben hin. Nirgendwo eine Farbe, ein Lichtblick. Alles Grau in Grau. Bleiche Häuser und bleiche Menschen darin. Doch da plötzlich ein kleiner roter Fleck: – ein Topf blühender Geranien auf einem Fenstersims. Es hat etwas unendlich Rührendes, dieses kleine Stückchen Naturgefühl, Liebe und Hingabe zur Natur in solchem Geranientopf am Proletarierfenster der Großstadt. Mag die Familie noch so arm sein: einen Blumentopf muß sie doch noch haben…"

Und weiter:

„Von diesem Glück will das kleine Buch, das hier geboten wird, erzählen. Es will es mehren helfen. In ganz schlichten Bildern gibt es eine große Lehre. Zum Naturgenuß, so lehrt es, ist kein großer Apparat nötig. Ein Sonntag – und ein sinniges Auge – und ein Stückchen Wald, ein Feldrain, selbst eine menschenleere Landstraße draußen in der Heide. Wie unsagbar viel ist da zu sehen, zu lernen, zu genießen! …"

Wie wahr. Einer solchen Erkenntnis, die zweifelsohne auch dem heutigen Leser aus dem Herzen gesprochen sein dürfte, kann man nichts von Bedeutung hinzufügen.

JAHRES-ZEIT

Frühling
Die Zeit ist aus dem Schlaf erwacht,
sie ruhte eine Weile.
Wird nun vom Frühling angelacht –
er treibt die Zeit zur Eile.

Sommer
Die Zeit hat sich im Sand versteckt,
der Sommer tanzt im Kreise.
Die Windbö´ hat die Zeit geneckt –
nun geht sie auf die Reise.

Herbst
Die Zeit zieht Wanderschuhe an
und läuft dem Herbst entgegen.
Er glaubt, dass er sie halten kann –
poussiert mit Blättersegen.

Winter
Die Zeit schwebt sachte über´s Land,
von Schnee bedeckt, steht sie nun still.
Doch bald schon hat der Mensch erkannt –
es geht die Zeit so, wie sie will…

ARCHITEKTUR EN DÉTAIL
geschrieben 2016

A –
wie aller Anfang.
A –
wie Alphabet,
wie Annalen und Ausdruckskraft.
A –
wie Anzahl,
wie Ansatzpunkt und Anschauung.
A –
wie Architektur.
A –
wie Ahnen und Assoziation.

Meine Gedankenkette scheint komplett. Ich habe den architektonischen Blick meiner Vorfahren und deren Liebe zum Detail im Blut. Jetzt ist es der „A-Teppich" des Metallbildhauers Fritz Kühn, der meine Gedanken lenkt.

Die Stadtrundfahrt der „Poeten vom Müggelsee" am 04. Mai 2016 führt uns auch an der Berliner Stadtbibliothek vorbei. Als moderne Architektur erhielt sie vor Jahren ihren Platz zwischen historischen Bauwerken. 1961 hatten die Stadtverordnetenversammlung von Ost-Berlin und der Ministerrat der DDR einen Bibliotheksneubau im Marstallkomplex beschlossen, der – vom Architekten Heinz Mehlan entworfen – am 11. Oktober 1966 im Rahmen der X. Berliner Festtage eröffnet wurde. Mehlan ist bekannt für diverse Projekte im Rahmen des Berliner Wohnungsbaus, aber auch für in freier Assoziation alter Bürgerhäuser gefertigte Pläne des eindrucksvollen Nicolaiviertels, das unser Stadtführer Dieter ebenfalls auf perfekte Weise in die Rundfahrt integriert.

Zurück zur Bibliothek. Ich kenne sie sehr gut. Erst im vergangenen Jahr habe ich hier wieder in alten Zeitungen geblättert, um ein weiteres Stück Familiengeschichte zu ergründen. Doch jetzt ist es weniger Heinz Mehlan, an den ich denke. Es ist die Eingangstür mit ihren 117 Stahlplatten und der entsprechenden Anzahl des Buchstabens „A", die mich fasziniert. Jedes Mal, wenn ich in der Stadtbibliothek in alten Dokumenten nach Vergangenem suchte, musste ich an diesem „Buchstaben-Teppich" vorbei. Doch das „vorbei" dauerte stets länger als beabsichtigt. Buchstaben und Wörter sind mein Metier. Diese so eindrucksvoll gestalteten Buchstaben „A" tragen in ihrer vielfältigen Darstellung und ihrem historischen Werde- und Wertegang symbolischen Charakter. Von Fritz Kühn selbst wissen wir, dass er mit 117 Varianten die vielen Eigenarten und Wandlungen von Wort, Sprache und Schrift im Zeitenlauf erfassen wollte. Für den Eingang zu einer Bibliothek kann man kaum etwas Besseres finden.

Es passt, denke ich, zu den anderen architektonischen Details an den Gebäuden, auf die uns Dieter immer wieder aufmerksam macht. „Markenzeichen" an den Bauwerken, wie ich es vor allem auch von meinem Urgroßvater weiß. Noch heute kann man daran im Sächsischen Wurzen bei den restaurierten Wohnhäusern erkennen, wo der Baumeister Ihme Ende des 19. Jahrhunderts seine Hand im Spiel hatte. Immer wieder ist es dieses für manchen fast unscheinbar erscheinende bleibende Stück Geschichte, das mich gefangen nimmt.

So auch die reich verzierten Fassaden am Roten Rathaus. Insbesondere die 1877 – 79 gefertigten 36 Relieftafeln zur Geschichte Berlins von den Anfängen als Fischerdorf im 12./13. Jahrhundert bis zur Großstadt, der Hauptstadt des 1871 gegründeten Deutschen Reiches.

Dieter hat mich neugierig gemacht, und da wir mit der Rundfahrt unser Berlin nur im „Zeitraffer" durchfahren können, lese ich zu Hause nach, was diese Terrakotten in Form einer „steinernen Chronik" über das Leben der Bürger als Handwerker, Kaufleute, Wissenschaftler und Künstler zu sagen haben.

Natürlich lässt es sich unser kenntnisreicher Stadtführer nicht nehmen, auch auf die steinernen Zeitzeugen der „neueren" Geschichte im Nicolaiviertel hinzuweisen. Wobei mir bewusst wird, dass ich in dieser Gegend, wo ich vor mehr als dreißig Jahren einmal gewohnt habe, schon viel zu lange nicht mehr mit der not-wendigen Muße „vorbei" geschaut habe. Die Stadt Berlin in vollkommener Größe und Schönheit ist eine Sehenswürdigkeit an sich. Doch nur, wer im Allgemeinen auch das Besondere und in der Veränderung auch das Beständige wahrzunehmen vermag, fühlt sich hier wirklich zu Hause.

WENN AUS FREMDEN FREUNDE WERDEN
„Freundschaftsbändchen" – Brief und Telefon
geschrieben 2016

Sie kommt nicht aus Syrien. Auch nicht aus Afghanistan. Und doch scheint es so, als käme sie von weit her. In der thüringischen Stadt Jena kennt sie jeder als die „Frau Holle" aus dem Märchenland. Mich erinnerte sie zunächst an einen Fisch, der die Meere bereist. Ich hatte das kleine Büchlein „Der Dorsch mit den Linsenaugen" geschrieben und der Name des Fisches ist dem ihren zum Verwechseln ähnlich. Nun also ein Dorsch im Gewand der „Frau Holle". Ein Abenteuer – nicht nur für Kinder!

Vor mehr als acht Jahren sind wir uns das erste Mal begegnet. Obwohl – „begegnet" ist das falsche Wort. Denn bis zum heutigen Tag haben wir uns nie gesehen und sind doch ganz enge Freunde geworden. Sie, die „Frau Holle" aus Jena, hat inzwischen das siebenundachtzigste Lebensjahr überschritten. Ich, eine Rucksack-Berlinerin, bin um einiges jünger, aber auch nicht mehr „taufrisch". Sie übte früher mit Leidenschaft den Beruf einer Lehrerin für Deutsch und Kunsterziehung aus. Als vor neun Jahren die damalige Familienministerin Ursula von der Leyen „ehrenamtliche Vorlesepaten" für Kinder suchte, war sie sofort dabei und wurde umgehend für eine Plakat-Aktion ausgewählt. Das Konterfei dieser Patin strahlte von den Wänden im ganzen Land. Auf Grund ihres Alters, ihres Aussehens und ihrer Art wurde sie nun ganz schnell für die Kinder zur „Frau Holle". Dass die fantasievolle alte Dame sich selbst diesen Namen gab, sei nur am Rande bemerkt. Auch, dass ihre Lesungen stets zu „Spielungen" werden, wo sie gemeinsam mit den Kindern bastelt und malt.

Etwa zu jenem Zeitpunkt, als aus ihr die „Frau Holle" wurde, spürte sie uns auf. Genau besehen war es mein Mann Georg, der uns zusammenführte. In dem ersten Band seiner autobiografischen Episoden erwähnte er einen Studienfreund namens Moses, zu dessen Freundeskreis die „Frau Holle" – damals war sie sicher die Goldmarie – gehörte. Was aber nur ihr in Erinnerung blieb. Mein Mann, den sie vertrauensvoll „Osch" nennt, weiß leider gar nichts mehr von diesem jungen Mädchen.

Wir erhielten also Post aus Jena unter Bezug auf das Buch – gerichtet an „Osch". Bei mir löste das Begeisterungsschreie aus, wohingegen mein Mann in seiner allseits bekannten zurückhaltenden Art mit dieser „Unbekannten" in der Ferne nicht allzu viel anzufangen wusste. Somit nahm ich den Kontakt auf, der im Laufe der Jahre zu der bereits beschriebenen engen Verbindung führte. Da ich mich mit dem Schreiben von Büchern, Geschichten und Gedichten beschäftige, hatten wir sofort einen Draht zueinander. Fast fünfzig postalische Grüße aus Jena befinden sich in meiner Sammlung: Briefe, nach wie vor in beneidenswert klarer Schrift, Karten, Zeichnungen, eigene Märchen, Ausschnitte aus Zeitungen und anderes. Jedes noch so winzige Stück Papier habe ich aufgehoben. Ich weiß, dass sie kleine Wortspielereien liebt und immer wieder Buchstaben durch passende Zeichnungen ersetzt. Einfälle und Einzelteile zum Beispiel beginnen mit einem gezeichneten Ei.

Jetzt, wo ich diese Geschichte schreibe, schaue ich mir alles noch einmal genau an. Dabei kommt auch die andere Seite der „Frau Holle" zum Vorschein. Sie ist nicht nur Vorlesepatin für Kinder. Das würde ihrem Wesen und ihrem Tatendrang nur ungenügend gerecht. Wie eh und je ist sie eine politisch engagierte Frau. So finde ich einen Zeitungsausschnitt, auf dem sie zusammen mit offiziellen Vertretern der Stadt bei der Einweihung einer Stele zur Erinnerung an die Opfer der NS-Gewaltherrschaft zu sehen ist. Ich finde einen weiteren mit ihrem Foto inmitten von anderen Mitstreitern des Jenaer Bündnisses gegen Sozialabbau. Auf ihre spitzbübische Art schreibt sie uns als Dank für unsere Urlaubsgrüße, dass wir mit diesem Artikel ihre Hitze-Urlaubs-Beschäftigung nachlesen können. Was wir umgehend auch tun.

Und so geht es weiter. Selbstverständlich tauschen wir uns über alles aus, was uns bewegt – freimütig und offen, sachkundig und kritisch. Doch das funktioniert viel besser per Telefon. Hier wird der Draht, den wir zueinander haben, lebendig. Inzwischen ist mir ihre Stimme mit dem leichten Tonfall einer Thüringerin vertraut. Obwohl ich nicht „Osch" bin, sei ich, so sagt sie, doch ein Gruß aus ihrer Berliner Jugendzeit. Und mit meiner „sprudelnden Art" wie ein Quell, der ihre Lebensgeister erfrischt.

Am Telefon höre ich auch, wie begeistert sie von meinen Gedichten spricht. Ich habe „ihre Gedanken in künstlerische Form gebracht". Eine Seelenverwandtschaft, die uns gegenseitig bereichert. Für mich hat ihr Wort Gewicht. Ihren Rat und ihre Hinweise empfinde ich als unverzichtbar. Bei ihr weiß ich, dass das, was sie sagt, keine Schönrederei ist. Nun will sie an andere weitergeben, was in meinem Gedichtbuch steht. Ich höre, dass sie bei den Montagsdemonstrationen in Jena, an denen sie nun schon, wenn es die Gesundheit erlaubt, mehr als elf Jahre teilnimmt, vorträgt, was ich geschrieben habe: über den Frieden, die Offenheit gegenüber Fremden, die Diplomatie.

In Gedanken sehe ich sie vor mir, so wie ich sie von den Fotos kenne: eine hochbetagte weißhaarige Frau, mit einem verschmitzten Lächeln. Eine Fremde? Mitnichten. Ohne persönliche Begegnung sind wir Freunde geworden. Doch leider stand einem Zusammentreffen irgendwie immer etwas im Wege. Mal war es die Zeit, dann die Gesundheit, inzwischen das Alter. Ich erinnere mich daran, dass sie einmal schrieb: „Schade, dass zwischen uns immer so viel Land ist…" Vielleicht führt mich, die jüngere, der Weg doch noch einmal zu ihrem Haus. Ob dazu allerdings erst eine Spindel in den Brunnen fallen muss, steht weiterhin als offene Frage im Raum.

Anmerkung: Ich schrieb diesen Text im Frühjahr 2016. Inzwischen ist viel Zeit vergangen. In diesem Jahr wurde meine Jenaer Freundin 88 Jahre alt und noch immer versuchen wir, uns per Telefon gegenseitig zu „Höhenflügen" zu animieren. Ihre Flügel werden lahmer, sagt sie, doch der Wille ist ungebrochen. Was für eine Frau!

Und nein, gesehen haben wir uns noch immer nicht…

ALLEN KINDERN DIESER WELT

Wenn Kinder lachend
froh einander necken
und Dir die Arme weit
entgegenstrecken;
wenn Du die Sonne
spürst auf dem Gesicht
und nicht ein Wölkchen trübt
die weite Sicht;
wenn bunte Blumen
blühen auf der Wiese
und aus der Eiche wird
ein starker Riese,
der schützend Dich
auf seinen Armen hält –
dann scheint sie wirklich,
deine Kinderwelt.
Wenn die Erwachsenen
in Frieden leben,
statt sich zu trennen
zueinander streben;
sich liebend achten
ohne Zank und Hass –
dann bist Du sicher:
Darauf ist Verlass!
Wenn Menschen dieser Welt
die Zukunft gönnen,
und nicht mit Macht probieren,
was sie alles können
und was der Kinder Glück
zerstören kann,
erfüllt das Leben
seinen Sinn – e r s t   d a n n !

AM ANDEREN UFER

NIEMANDSLAND

Johannes Bobrowski anlässlich seines
100. Geburtstages zum Gedenken

Im Spiegel
Einer Fata Morgana
Springt die Fantasie
Über Grenzen.

Durch schwarze Löcher hindurch
Gibt sie den Blick frei
Ins funkelnde
Niemandsland.

Zögernd stehst Du
Zum Absprung bereit
Nach der Hand suchend
Die Dich führt.

Bis Du erkennst:
Die Fantasie ist ein Gaukler
Die Fata Morgana
Unwirklicher Schein.

Sarmatien.
Alte verlorene Heimat –
Überall und
Nirgendwo…

REISE IN DEN SÜDEN
Für Stefanie
geschrieben 2017

Irgendwann wache ich morgens nach einer stürmischen Novembernacht auf und bin wild entschlossen, mir einen Traum zu erfüllen: Im nächsten Jahr will ich in den Süden! Keine Ahnung, was plötzlich über mich kam. Die letzte Reise dieser Art liegt sieben Jahre zurück. Damals waren wir in Griechenland auf der Insel Corfu. Zuvor habe ich nicht wenige andere Orte mit südlichem Flair kennengelernt. Das Highlight: Die Nilkreuzfahrt von Luxor nach Assuan mit Tripp nach Abu Simbel, Kairo und ans Rote Meer. Immer wieder zog es uns nach Italien. Einmal quer durch über Verona, Florenz, Pisa bis nach Rom und Neapel. Eingeschlossen ein Streifzug nach Herculaneum mit Blick in den Krater des Vesuvs. Zurück dann über Venedig. Noch einmal in die Toscana, nach Ischia und Capri.Weiter: Urlaub am Schwarzen Meer und in Kroatien auf der Insel Hvar mit Ausflug nach Mostar und Dubrovnik. Es folgten Reisen nach Malta und ins Tessin zum Lago Maggiore mit Ausflügen zum Comer See, nach Lugano, Mailand. Usw.usw.

Meine Gedanken kreisen. Ich träume von der blauen Adria und dem wunderbaren Sandstrand am Tyrrhenischen Meer. Leider hatten wir dort nur einen Zwischenstopp. In den meisten Fällen erlebten wir „Natur pur", was heißt: dunkler Sand und Steine. Zum Glück hatten wir uns schon vor vielen Jahren die entsprechenden Badeschuhe zugelegt. Vielleicht gelingt es mir jetzt, einen Urlaubsort mit Traumstrand zu finden. Aber so weit ist es noch lange nicht…

Zuerst einmal suche ich nach einem passenden Reisebegleiter beziehungsweise einer Reisebegleiterin. Ich brauche gar nicht weiter nachzudenken, denn meine absolute Vorzugsvariante steht sofort fest: Enkeltochter Steffi! Doch ob die schöne junge Frau mit ihren 28 Jahren tatsächlich Lust verspürt, mit ihrer alten Großmutter eine solche Reise zu unternehmen, muss sich erst noch zeigen. Ich denke an den Jungen in der Werbung, der Abend für Abend mit der skeptischen Bemerkung auf dem Bildschirm erscheint: „Hm, wenn Oma Knieschmerzen hat, sitzen wir eh nur rum...!"

Also, so viel sei erst einmal geklärt: Knieschmerzen kenne ich nicht. Meine Probleme sind eher „kopfbezogen", was vor allem mit Entzündungen im Kieferbereich zusammenhängt. Das nervt zwar, aber deshalb müssen wir nicht „rumsitzen"!

Ich habe Glück: Steffi hat nichts gegen eine gemeinsame Reise, sodass wir noch im alten Jahr nach einem geeigneten Ziel suchen. Laut Steffis Urlaubsplanung kommt nur der Juni in Frage. Wir denken an acht Tage mit einem Reiseveranstalter, wo sich nicht ausschließlich Senioren zusammenfinden. Wenigstens ist das mit Blick auf Steffi meine Überlegung. Wo sie doch schon mit mir unterwegs ist! Nach eingehender Recherche kommt ein Ziel in die engere Wahl: Andalusien. Mit Hin- und Rückflug, Hotel am Meer und verschiedenen Ausflügen ins Land. Es trifft sich, dass mein Dichterfreund mir bereits mehrfach von der Alhambra vorgeschwärmt hat. Im Juni ist es zwar in Andalusien schon ziemlich heiß, aber wir sind frohen Mutes. Schließlich wollte ich in den Süden, und da herrschen bekanntlich keine Temperaturen wie am Nordkap. Schaun wir mal...

*

HINFLUG: Ich gebe zu, wir waren schon ziemlich skeptisch, als wir hörten, dass wir mit dem chaosbehafteten Unternehmen Air Berlin fliegen sollen. Aber zumindest steht zu angegebener Zeit ein Flugzeug bereit. Es ist zwar eine Ersatzmaschine, wo das Personal nur englisch spricht und die Sitzreihen so eng sind, dass die ein wenig nach hinten gestellte Lehne des Vordermannes fast auf unserer Nase hängt. Aber: Wir fliegen. Es hätte auch schlimmer kommen können! Kostenfrei werden uns ein Kaltgetränk und ein Kaffee serviert. Dazu ein zähes Sandwich. Na ja…

Nach gut drei Stunden kommen wir am Ziel an: Malaga. Unbeschadet, wie wir feststellen, und auch unser Gepäck kam nicht abhanden. Was durchaus hätte anders sein können. Da haben wir ungute Erfahrungen. Allerdings dauert die Busfahrt bis zum Hotel, das sich zwischen Marbella und Estepona befindet, dann doch noch ziemlich lange. Gegen 21.00 Uhr erfolgt die Einweisung. Die Tagestemperaturen liegen zwischen 30 und 40 Grad, je nach Ausflugsziel, hören wir. Die Planung wurde leider zu unseren Ungunsten verändert. Drei anstrengende Tage hintereinander. Wir wissen schon jetzt, dass wir einen Ausflug davon streichen werden. Was zu viel ist, ist zu viel!

Umgehend werden wir zum verspäteten Abendessen geleitet, dann endlich ins Zimmer. Die Anreise ist geschafft. Wir sind es auch. Hotel und Zimmer gefallen uns. Weiter Blick vom Balkon: rechts zum Meer, links auf ein Gebirge. Wir fallen fast tot ins Bett. Immerhin haben wir bereits wahrgenommen, dass es in unserer Reisegruppe auch jüngere Leute gibt. Wir sahen ein Pärchen und zweimal Eltern mit Töchtern im jugendlichen Alter. Nur eine Großmutter mit Enkelin ist einmalig, was auch, wie sich später zeigt, relativ schnell wohlwollend wahrgenommen wird. Ganz sicher ist das zuallererst dem Eindruck geschuldet, den Steffi hinterlässt. Die Sympathie der älteren Männer für sie kann man jedenfalls nicht übersehen…

*

2. TAG: RONDA. Mit dem Bus geht es über eine kurvenreiche Straße in die Berge. Markenzeichen: die weißen Dörfer. Sie leuchten schon von weitem und scheinen wie verschachtelt an den Bergen zu kleben. Dazu ganze Felder mit Korkeichen. Wir haben uns vorgenommen, nicht nur das aufzunehmen, was man in jedem Reiseprospekt lesen kann, sondern sind auf etwas Besonderes aus. Erfahrungsgemäß merkt man sich das auch am Besten, und unser Reiseleiter hat davon einiges zu bieten. Zum Beispiel die Geschichte mit dem blauen Dorf:

Zunächst sollte es nur ein Werbegag sein. Um den Film „Die Schlümpfe – das verlorene Dorf" in 3D zu produzieren, tünchte die Produktionsfirma alle Häuser einschließlich Rathaus und Kirche in dem 250-Seelen-Ort Júzcar blau an. Mit 9000 Litern Farbe entstand ein wahres Schlumpfhausen. Der Erfolg war vorprogrammiert. Ursprünglich wurde mit den Bewohnern vereinbart, die Häuser nach dem Dreh wieder weiß zu streichen. Doch die Ansässigen hatten es sich anders überlegt. Sie stimmten ab und entschieden sich, ihr Blau zu behalten. Seitdem gibt es hier eine Attraktion mehr und ein weißes Dorf weniger.

Unser eigentlicher weißer Zielort rückt in greifbare Nähe: Ronda. Wir bekommen einige Hinweise und gehen dann zu zweit auf Entdeckungstour. Die oft auch als „Königin der weißen Dörfer" beschriebene Stadt steht auf einem schroffen Felsplateau in rund 800 Metern Höhe. Eine etwa 150 Meter tiefe Schlucht trennt die Altstadt von dem neueren Stadtteil. Als Verbindung dient die im 18. Jahrhundert erbaute Neue Brücke. Wir werfen einen atemberaubenden Blick in die Schlucht und auf die Höhenzüge gegenüber. Zig Stufen auf der einen Seite, großflächige sandige Plateautreppen auf der Gegenseite, führen in die Tiefe. Mit Kurs auf die gegenüberliegenden bequemeren

Geländestufen wollen wir wie wandererfahrene Touristen in die Schlucht hinunter. Nur derjenige, der die Brücke von unten sieht, kann richtig einschätzen, welch kolossales Bauwerk hier geschaffen wurde. Ich staune über meinen Mut, denn immerhin ist mir klar, dass ich wieder nach oben steigen muss. Es ist ein Abenteuer, wobei ich mich nach etwa einem Drittel des absteigenden Weges doch, von Steffi mit Nachdruck befürwortet, zur Umkehr entschließe. Tief durchatmen, heißt die Devise. Trotzdem bin ich stolz wie ein Spanier. Mit einem älteren Reisebegleiter hätte ich das nie und nimmer gewagt.

Wieder oben schauen wir uns in der Altstadt um und suchen dann nach einer weiteren Attraktion, möglichst in einem kühlen Gemäuer. Dabei entdecken wir Spaniens größte Privatsammlung mit Uhren, Volkskunst, Waffen und archäologischen Funden im Museo Lara. Den stärksten Eindruck hinterlässt allerdings bei uns die Abteilung der Hexerei und der Inquisition mit deren grauenvollen Folter- und Tötungswerkzeugen. Diese historischen, authentischen Ausstellungsstücke finden wir doch ziemlich gruselig. Da nun Steffi unbedingt Stärke zeigen will, steckt sie ihren Kopf in die voll funktionsfähige alte Guillotine, was mir einiges Unbehagen bereitet. Ich bin sehr erleichtert, als sie wieder heil neben mir steht.

Letzte Besonderheit dieses Ausfluges: Wir lassen uns in einem Café am Rande der Schlucht nieder, freuen uns über den Ausblick in die Tiefe und sind bemüht, dem Kellner zu erklären, dass wir gern zwei Eiskaffee hätten. Er nimmt die Bestellung entgegen, und wir lernen wieder etwas dazu: Der Mann bringt zwei große Tassen mit heißem Kaffee und zwei Gläser, in denen sich mehrere Eiswürfel befinden. Nach kurzer Überlegung entscheiden wir uns, beides zu mischen, was einem Eiskaffee im wörtlichen Sinne dann doch ziemlich nahe kommt. Allerdings fehlt uns nun leider die Zeit, um die älteste Stierkampfarena von ganz Spanien zu besichtigen. Was soll´s? Wir haben den Tag genossen...

Anmerkung: Ich stelle fest, dass mir wieder einmal das Pech im Nacken sitzt. Nach den Fußmärschen auf Rondas heißem Plaster gingen doch tatsächlich meine schwarzen Sandaletten aus dem Leim. Merkwürdigerweise habe ich das schon einmal bei unserer Reise nach Schlesien erlebt. Natürlich waren es damals andere schwarze Sandaletten, aber seltsam ist es doch. Zum Glück habe ich noch ein weiteres Paar Laufschuhe mit. Allerdings ist nun wegen deren pink-grauer Farbe die Auswahl meiner Bekleidung erheblich eingeschränkt!

*

3. TAG: FREI!!! Es soll ein Badetag werden. Inzwischen konnten wir schon feststellen, dass es mit dem herrlichen Sandstrand auch hier nichts wird. Grauer Sand und Steine sind keineswegs verlockend. Und die entsprechenden Badeschuhe haben wir auch nicht eingepackt. Versuchen wir es also am Pool. Ich will mich schon rechtzeitig in die Liegen-Handtuch-Reservierungsmannschaft eingliedern, aber Steffi meint, dass wir auch bei späterem Erscheinen noch freie Liegen finden werden. Wo sie recht hat, hat sie recht.

Erst im Laufe des Tages kommen wir dahinter, dass sich in der Nähe des Strandes ein großer Pool mit laufender Animation befindet, der von den meisten Gästen umlagert wird. Das Hotel hat den Charakter eines Sporthotels mit verschiedenen Golf-, Tennis- und anderen Sportanlagen, was für junge Leute und Familien sicher ein lohnenswertes Urlaubsziel ist. Wir ziehen den kleinen, lärmfreien Pool vor. Mal abgesehen von Steffi, „ruht" hier das ältere Semester. Die einzigen lauten Geräusche kommen von den dreißig Möwen, die auf dem Dach sitzen und eine Konferenz abhalten. Auch hier entdecken wir etwas Besonderes. Ein seltener Vogel läuft Steffi vor die Linse. Kennzeichen: ein Hahnekamm und ein langer Schnabel, im hinteren Drittel sind die Federn gestreift. Da wir neugierig sind, was das für ein Vogel ist, schaut Steffi bei Google nach. Das Ergebnis sieht mit meinen Worten so aus:

WER BIN ICH?

Stolz wie ein Spanier,
aus Federn das Kleid,
den Kamm gerichtet,
zum Kampfe bereit.

Erhaben schaut er,
wir zoll´n ihm Respekt.
Hüpft freudig umher,
als wir ihn entdeckt.

Die „Vogelhochzeit"
beschreibt seinen Stand.
Er trägt einen Topf
mit Blumen galant.

Tut ganz so, als ob
er der Schönste sei,
ist aber dennoch
von Fehlern nicht frei.

Der Volksmund hat es
vor Jahren benannt –
der Vogel ward stets
am Geruch erkannt.

Und ist wer ihm gleich,
dann stinkt dieser Tropf,
nicht weniger stark
als der ………! (WIEDEHOPF!)

Wieder etwas dazu gelernt…

*

4. TAG: SEVILLA. Anstrengung und Hitze pur. Mehr als 40 Grad zeigt das Thermometer. Wir steigen aus dem klimatisierten Bus aus und haben eine Viertelstunde Zeit zur Besichtigung des Spanischen Platzes. Plaza de Espana – in praller Sonne, versteht sich! Selbstverständlich ist er eindrucksvoll, und wir laufen wenigstens ein Stück die Mauer entlang. Ins Halbrund sind 48 gekachelte Nischen eingebaut, die die Provinzen Spaniens darstellen. Mit Wappen, Erklärung und auf dem Boden jeweils ein landkartenartiger Ausschnitt. Hier zeigt sich, dass ich im Gegensatz zu Steffi das erste Mal in Spanien bin. Sie entdeckt die verschiedenen Inseln, wo sie bereits Urlaub machte.

Dann geht es weiter. Unser Weg führt an verschiedenen interessanten Gebäuden vorbei. In der Nähe der „Catedrale de Santa María de la Sede" erhalten wir schließlich noch einige Informationen und können wieder über uns und die Zeit selbst verfügen. Erster Gang: in die Kathedrale. Natürlich interessiert sie uns, obwohl wir mit unseren bescheidenen Kenntnissen von der Fülle und den Einzelheiten fast erschlagen werden. Kunststück. Schließlich geht es um die größte gotische Kirche der Welt. Ich mache keinen Hehl daraus, dass wir diesen Ort auch wegen seiner Kühle mehr als genießen. Die Suche nach etwas Besonderem führt uns zu den sterblichen Überresten von Christoph Columbus. Allerdings wird noch immer darum gestritten, ob sie tatsächlich hier liegen.

Unser Reiseleiter gab schon auf der Fahrt dazu einige interessante Erklärungen. So habe Columbus mit seinen insgesamt vier Reisen Spanien und insbesondere Sevilla zu Weltbedeutung verholfen, allerdings auch 9 Schiffe verloren. Er starb im Jahre 1506 relativ unbeachtet, sehr krank.

Die versprochenen Privilegien vom König und der leider früh verstorbenen Königin habe er nie bekommen. Er hatte seinen Mythos als Held und Eroberer verloren und wurde zunächst 1506 in Sevilla begraben. Sein Sohn veranlasste später die Überführung der sterblichen Überreste nach Santa Domingo. 1795 fiel die Insel an die Franzosen, die Überreste wurden nach Kuba in die Kathedrale von Havanna gebracht und erst Ende des 19. Jahrhunderts wieder nach Sevilla zurück geholt. Wahrheit oder Legende? Auf uns jedenfalls macht das Monument einen gewaltigen Eindruck.

Markantes Wahrzeichen Sevillas: der Glockenturm, der einst ein Minarett aus der maurischen Zeit war. Man glaubt es kaum: Der Aufstieg reizt sogar mich, trotz bekannter Höhenangst. Doch hier kann man nicht „durchrutschen". Es gibt keine Treppen, sondern eine umlaufende Rampenführung mit 35 Ebenen und nur für den nachträglich aufgesetzten Glockenteil einige Stufen. Zu maurischen Zeiten soll der Muezzin mit dem Pferd hinauf geritten sein. Die Plattform befindet sich in einer Höhe von 70 Metern, was wir aber erst im Nachhinein erfahren. Wir waren von 35 Metern entsprechend der Rampen ausgegangen. Hätte ich sonst den Aufstieg gewagt? Bei Rampe 25 geht mir schon einmal die Luft aus, aber nach kurzer Pause reihe ich mich wieder in die laufende Besucherkette ein. Steffi natürlich an meiner Seite. Ich bestehe hoch oben auf einem Foto, um meine neuerliche Leistung unter Beweis zu stellen. Tatsächlich lohnt es sich. Man hat eine einmalige Aussicht auf die Stadt und in die Ferne.

Ein weiteres beeindruckendes Detail: das nach der Zerstörung im Jahre 1391 in neuzeitlichem Stil wieder aufgebaute jüdische Viertel östlich der Kathedrale mit Brunnen und Orangenbäumen, Balkons mit Geranien, gekachelten Innenhöfen, schattigen Gassen, Keramikläden, Bars.

Der Reiseleiter macht uns auf den Balkon des „Barbier von Sevilla" aufmerksam und wir lesen nach, was es damit auf sich hat. Der Schriftsteller Beaumarchais ist Vater dieser unter anderem von Rossini und Mozart vertonten Operngestalt. Hier kommen wir ihrem Mythos nahe: Tatsächlich kann man sich den Balkon der Rosina vorstellen, auf den der Graf von Almaviva auf Anraten von Figaro hinaufklettern sollte, um seine Geliebte zu treffen.

Und noch eine Besonderheit wollen wir von Sevilla festhalten: das Modernste vom Modernen – die elektrische Straßenbahn. Wer damit fahren will, sollte es unbedingt tun. Wir sind nur interessierte Zuschauer. Die Zeit läuft uns davon...

*

5. TAG: GRANADA MIT ALHAMBRA. 8.30 Uhr geht es los. Wieder ein heißer Tag. Wir sind noch vom gestrigen völlig geschafft und kämpfen bei der Hinfahrt im Bus mit dem Schlaf. Die Vorfreude auf die Alhambra wird getrübt als wir hören, dass wir uns bis 15.00 Uhr in Granada aufhalten, weil wir erst 15.30 Uhr einen Termin für die Führung durch die Alhambra erhalten haben. Wieviel Zeit bleibt dann noch? Eigentlich sollte das der Höhepunkt des Tages sein.

Nichts desto trotz sind wir aber neugierig, was Granada uns bringt. Bevor der Reiseleiter sich wieder verabschiedet, führt er uns durch lauschige Gassen zur Renaissance-Kathedrale „Santa Maria de la Encarnacion de Granada" mit ihrem Glanzstück der Königskapelle, die wir als erstes Besichtigungsobjekt auswählen. Darin befindet sich das marmorne Doppelgrabmal mit dem Sarkophag der katholischen Könige Ferdinand II und Isabella von Kastilien sowie dem ihrer Tochter Johanna der Wahnsinnigen und des Schwiegersohnes Philipp des Schönen. Dieses

Grabdenkmal wurde 1520, lange nach Isabellas Tod, von Domenico Fancelli aus Genua fertiggestellt. Der prachtvoll geschnitzte Hochaltar der Kapelle ist ein Meisterwerk aus dem 16. Jahrhundert. Dazu das Sakristei-Museum mit der Gemäldesammlung des Königspaares und – und – und…

Als wir die Kapelle verlassen, tauchen wir ein in eine andere Welt – geprägt vom Plätschern eines Brunnens, den Häusern mit ihren kleinen Fenstern und den hufeisenförmigen arabischen Haustüren, dem Basar und den Restaurants. Alle Gassen sind irgendwie ähnlich, und ich habe Angst, die Richtung zu verlieren. Doch Steffi meint, wer sich verirrt, wählt einfach eine beliebige Gasse, die wieder genau dahin führt, wo wir hergekommen sind. Wir steigen hinauf bis zum Ende des Häuserwirrwarrs und genießen den Ausblick vom Vorplatz der Kirche San Nicolás auf die gegenüberliegende Hügelkette zur Alhambra. Soviel wissen wir: Die Alhambra ist nicht nur der bedeutendste, sondern zugleich der älteste und besterhaltene arabische Palast seiner Ära. Dort wollen wir endlich hin…

15.00 Uhr. Der Bus holt uns ab, und wir werden in zwei Gruppen aufgeteilt. Es ist schon fast 16.00 Uhr, als endlich die Führung beginnt. Über Kopfhörer kann man den Erklärungen der „Führerin" folgen, was allerdings nur ein erfolgversprechendes Unternehmen ist, wenn man sich nicht allzu weit entfernt. Denkt man an die Größe der Gruppe, so heißt das „Drängeln", was bei der Hitze und auch sonst kein wahres Vergnügen ist. Steffi gibt schon frühzeitig auf und spaziert ohne Kopfhörer gemächlich hinterher, während ich noch darum kämpfe, einige Sätze zu erhaschen.

Das, was ich sehe und verstehe, orientiert sich vor allem an den geschichtsträchtigen Bauten. Der rote Sandsteinpalast zählt zu den schönsten der Welt. Fresken zeugen allerorts von der Verschmelzung der Kulturen am Hofe. Islamische, christliche und jüdische Mythologie und Symbolik lösen sich ab. In den mit Kacheln geschmückten Sälen der zweifelsohne zu den größten und prunkvollsten arabischen Palästen zählenden Alhambra sorgen Wasserspiele für eine angenehme Kühle. Die sich im Rhythmus abwechselnden Fontänen funktionieren bis heute, dank eines ausgeklügelten Systems von Auffangbecken und Überläufen.

Leider ist unsere Führerin – angestachelt von zwei aufdringlichen Mitgliedern der Gruppe – darauf versessen, jedes einzelne architektonische Detail ausführlich zu erläutern, was unsere Aufnahmefähigkeit überstrapaziert und daran hindert, sich auf die Schönheit und das Wesentliche zu konzentrieren. Viel zu wenig Zeit bleibt uns, die prächtigen Gärten zu genießen. Im Myrtenhof wird die ganze Länge von einem schmalen Wasserbecken aus Alabaster eingenommen, an dessen beiden Seiten sich grüne Myrtenhecken hinziehen. Die Wasserfläche beeindruckt mit dem Spiegelbild des Comaresturmes. Hier wollen wir uns verewigen. Doch es gelingt mir nicht, Steffi allein auf ein Foto zu bekommen.

Wir sind umzingelt von Japanern, die mit ihren Hüten oder Schirmen überall zu finden sind.

Der Palast von Comares war die königliche Residenz und gilt als Meisterwerk der Alhambra. Steffi hat sich entgegen der Anweisung im Salón de los Embajadores, dem Botschafterzimmer, soweit von der Gruppe entfernt, dass sie den viel interessanteren Erklärungen einer anderen Führerin lauschen kann. Dabei geht es um die wunderschöne Zimmerdecke aus Zedernholz, die die sieben islamischen Himmel darstellt. Nun weiß Steffi viel besser als ich, was es mit dem siebenten Himmel auf sich hat...

Die Zeit rennt, und noch immer versucht unsere Führerin, ihr ganzes architektonisches Wissen an den Mann und die Frau zu bringen, die sie mit Fragen überhäufen. Es nervt, doch ohne sie dürfen wir den Ausgang nicht passieren. Es ist bereits 18.00 Uhr durch, als der Bus wieder Richtung Hotel startet. Nach einem solchen Ausflug von zwölf Stunden sind wir mehr als froh, dass wir unsere Teilnahme an der für den nächsten Tag vorgesehenen Besichtigung der sicher wunderschönen Stadt Cordoba bereits abgesagt haben. Wie wir dann feststellen können, geht es auch anderen so. Diesmal nehmen wir den Wein, der uns regelmäßig zum Abendessen serviert wird, mit auf unser Zimmer und lassen entspannt auf dem Balkon den Tag Revue passieren…

*

6. TAG: FREI!!! Da wir schon „Pool-erfahren" sind, nutzen wir den Tag wie gehabt. Wir suchen uns ein Plätzchen mit Blick auf den Atalaya – Wachturm und Namensgeber für unser Hotel. Zweimal marschiere ich zur Pool-Bar am Strand und hole uns Getränke. Vielmehr ist nicht drin. Wir ruhen uns aus. Immerhin haben wir für den nächsten Tag noch einen Ausflug gebucht, mit dem wir ganz besondere Erwartungen verknüpfen: Gibraltar! Man kann nicht hier am südlichen Zipfel Spaniens gewesen sein, ohne Gibraltar einen Besuch abzustatten. Schmackhaft genug wurde dieses Ziel uns gemacht. Abends sitzen wir wieder mit unserem Glas Wein auf dem Balkon, schwatzen über Gott und die Welt und genießen die Atmosphäre…

*

7. TAG: GIBRALTAR. Die Entfernung ist nicht sehr groß, sodass sich die Fahrzeit im Rahmen hält. Wir fahren an der Küste entlang und stellen fest, dass es auch hier an der Costa del Sol durchaus „richtige" Sandstände gibt. Beeindruckend die Berge der Serra Nevada, die uns auch schon auf dem Weg nach Granada begleiteten.

Schon aus dem Erdkundeunterricht der Schule kennen wir die Meerenge, an deren Nordseite Gibraltar liegt. Deshalb auch „Straße von Gibraltar". Logisch. Schon von weitem sehen wir den steil aus dem Meer aufragenden Kalksteinfelsen, an dessen Unterseite sich ein flaches, größtenteils sandiges Gebiet befindet. Die Temperaturen halten sich hier in Grenzen – 23 bis 25 Grad. Wind und Wolken. Wir hoffen, dass die Sicht besser wird, damit wir die afrikanische Küste sehen können. Tatsächlich gelingt das dann auch so weit, dass es für ein Foto ausreichend ist. Die Grenzkontrolle kommt uns ziemlich merkwürdig vor, doch Gibraltar gehört nun einmal noch heute zum Königreich Großbritannien.

Wir steigen um in einen kleinen Bus mit ortskundigem, allerdings nur englisch sprechendem, Reiseleiter. Die Beschreibung bei der Rundfahrt übernimmt Gott sei Dank der Sprecher auf einer CD. Die Fahrt hinauf auf den Felsen ist äußerst spannend. Wir erfahren eine Menge Wahres und Legendäres aus der Geschichte Gibraltars. Im Mittelpunkt stehen natürlich die Affen, die sich noch heute im Naturreservat Upper Rock tummeln. Hintergrund der Legende ist eine Geschichte aus der Zeit der Belagerung Gibraltars von 1779–1783 während des Amerikanischen Unabhängigkeitskrieges. Damals sollen die Engländer von den Tieren vor einem Nachtangriff der Spanier und Franzosen gewarnt worden sein. Der britische Premierminister Winston Churchill ließ später zur Unterstützung seiner Kriegsführung Berberaffen aus Marokko importieren, um den vermutlich wegen Inzucht kränkelnden Affenstamm wieder zu stärken. Tatsächlich hatte er damit Erfolg. Allerdings ging er auf Nummer sicher und gab den Affen den Status von Armeeangehörigen, die im Krankheitsfall im Lazarett behandelt werden sollten. Apropos Kriegsführung: Wir sehen auch die in den Felsen geschlagenen Verteidigungsanlagen sowie die Tunnelanlage und Geschützstellungen aus dem Zweiten Weltkrieg.

Natürlich machen wir Halt bei den Affen, nicht ohne vorher vor deren räuberischem Verhalten gewarnt worden zu sein: Brillen, Handys, Fotoapparate und anderes sichern! Noch ehe wir richtig in die Nähe der Affen kommen, wird einer unserer Mitreisenden das Eis geklaut. Von einem Affen natürlich, was sonst? Wir sehen den ältesten Affen von 29 Jahren in erbarmungswürdigem Zustand und jede Menge jüngere. Heute sollen hier etwa 200 Affen in sechs Gruppen leben. Steffi schießt ein Foto von mir, als ich mich vorsichtig annähere. Das Ergebnis finde ich so schrecklich, dass man fragen möchte, wer von uns beiden denn nun wirklich der Affe ist. Dafür wird Steffi mit einem Affen im Hintergrund vom Reiseleiter fotografiert, was sich zur Erinnerung nach meinem Geschmack besser eignet.

Weiterer Höhepunkt: die Tropfsteinhöhle St. Michael´s Cave. Deren Eingang liegt etwa 300 Meter über dem Meeresspiegel. Mit ihrer prächtig geschmückten Halle und den sich darin befindenden beleuchteten Tropfsteingebilden hat sie etwas Faszinierendes. Allerdings ist mir nicht ganz geheuer, als Steffi die Treppe in die dunkle unüberschaubare Tiefe hinabsteigen will. Dass wir nicht einfach an anderen markanten Stellen vorbeigehen können, versteht sich von selbst. An der Südspitze des Felsens, dem Europa Point, werden wir „vom Winde verweht". An diesem Platz wurde auch in den 1990er Jahren eine der größten Moscheen in einem nichtislamischen Land errichtet. Und natürlich war Queen Elisabeth II. auch hier, wie eine Tafel kundtut.

Nach all den Eindrücken hätten wir gern ein ruhiges Plätzchen. Allerdings ist laut Plan jetzt ein Einkaufsbummel auf der Main Street angesagt. Zollfrei, versteht sich.

Doch da wir keinen Bedarf haben, können wir dieser belaufenen sonnigen Straße nur wenig abgewinnen und freuen uns auf den letzten Abend auf unserem Balkon. Wir sitzen bis Mitternacht leicht bekleidet im Freien, trinken einen Cocktail „Sex on the Beach" und wundern uns, wie schnell die Tage vergangen sind…

*

8. TAG: ABREISE! Die Busfahrt zum Flughafen erfolgt erst 14.30 Uhr, deshalb gönnen wir uns noch ein paar Stunden im Strandcafé mit Blick aufs Meer. Dann hat die Wirklichkeit uns eingeholt. In Malaga warten wir ewig bis zum Abflug, und Steffi wird gefilzt!!! Doch wir werden während des Fluges entschädigt mit einem außergewöhnlichen Sonnenuntergang. Es ist schon fast Mitternacht, als wir in Tegel ankommen und von Steffis Eltern in Empfang genommen werden. Diesmal flog tatsächlich eine Maschine von Air Berlin, allerdings sollten wir nun allein für ein Getränk 3,-- Euro bezahlen!

Ich ziehe Resümee. Das, was ich mir erhofft hatte, ging in Erfüllung. Ich betrachte das wunderbare Fotobuch, das Steffi mir nach dem Urlaub zum Geschenk machte, und denke: Ohne meine bezaubernde Reisebegleiterin wäre das Ganze undenkbar gewesen. Danke Stefanie!

WELLENKÄMME

Sie tauchen jählings auf
aus dichtem Nebel:
Wellen –
hoch über dem erwachten
Donautal.

Die nahen Kämme
leicht verschwommen
in dunklem Kaisergrün.

Dahinter
eine zweite Reihe
ganz grau in grau.

Dann obenauf
der dritte Kamm
mit hellen Streifen
überzogen.
Ein Alpenpanorama
ganz in weiter Ferne.

Schaumflöckchen
strahlend weiß
am Himmel
vollenden dieses Bild.

Und in der Tiefe
schlängelt sich als Band
der Donaufluss.
Anblick totaler Ruhe
nach dem Regen
und dem Sturm.

Nur die Marillenbäume
schauen traurig
den früh verwehten
Blütenblättern nach.

Ich aber finde einen Platz
zum Träumen und Verweilen
in warmer Sonne
dort auf dem Balkon…

ALLES ODER NICHTS

AUFWACHEN.
Menschen an meiner Seite.
Leben:
Pulsierend
Anregend
Nervend...

Sehnsucht
Nach einer Insel
Mitten im Meer.
Nur ich
Und die Sonne.

Allein.
Einsam.

Sehnsucht
Nach den Menschen
Bei mir zu Haus.
Leben:
Pulsierend
Anregend
Nervend...

ALLES ODER NICHTS!

BERG- UND TALFAHRT

ERWACHEN

Es ist,
als gehe just die Sonne auf.
Erst zaghaft nur,
mit jener Wärme sanft,
die im Verborgnen blieb,
bis endlich sie erwacht.

*Der Schein
wird hell und heller...*

Im Spiegel
meines Angesichts,
aus dem die Mühsal
augenblicklich schwindet,
wird jenes Wunder wahr,
das uns den Tag verschönt:

*Du lächelst,
und das Leben fängt neu an...*

WENN ALLE WEGE OFFEN SIND
Der Jungbrunnen
geschrieben 2015

Diese Geschichte ist eine Hommage an zwei Frauen, die das Leben unwiderruflich miteinander verband, obwohl die eine nichts von der anderen wusste. Ihre Beziehung kam zustande, als die todbringende Krankheit zurückgekehrt war.

„Warum gerade ich?" Da taucht sie wieder auf, diese bedrückende Frage, auf die es keine Antwort gibt. Eine Frage der liebenswerten Frau von Mitte 40, die schon zum dritten Mal ihre Lebensträume begraben muss. Fast auf den Tag genau vor vier Jahren wurde sie wie aus heiterem Himmel erstmals mit der schrecklichen Diagnose „Leukämie" konfrontiert. Wie viel Kraft gehörte dazu, wie viel Engagement der Ärzte und Schwestern, wie viel Zuspruch und Einfühlungsvermögen der ganzen Familie, um sich der Behandlungs-Tortur zu stellen, ohne den Mut zu verlieren. Und immer wieder darauf zu hoffen, dass die Werte sich bessern. Das Wort „warten" bekam für sie etwas Unerträgliches. Doch da waren ihr Lebenswille und die noch nicht ganz erwachsenen Kinder, die ihre Mutter brauchten und für die sie immer da sein wollte. So schaffte sie schließlich, was zeitweilig fast einem Wunder glich. Das Leben lag vor ihr – zwar mit einem Achtungszeichen versehen – aber die Neugier und der Spaß hatten sie ebenso gepackt wie die Pflichterfüllung. „Ich lebe!" zwei Worte, die nun eine ganz andere Bedeutung bekamen und die sie sich mit allem, was dazu gehört, zunutze machen wollte.

Zwei Jahre später kam der furchtbare Schmerz. Wieder vollkommen ohne Vorwarnung. So, als wolle die linke Hüfte zerbrechen. Nein, es war nicht die noch immer wie ein Damoklesschwert über ihr schwebende Leukämie. „Hüftgelenktuberkulose" hörte sie die Ärzte sagen. Und sah das Achselzucken, wenn sie nur zu berechtigt wissen wollte: „Wieso? Woher?" Und wieder die Frage: „Warum gerade ich?" War ihr Körper so geschwächt, dass sie sich nur noch im Glashaus aufhalten kann? Sie griff nach einem Strohhalm: Tuberkulose ist besser heilbar als Leukämie. Die Fürsorge der Familie tat ihr Übriges. Ein Jahr dauerte die Therapie mit einer Unmenge von Medikamenten, deren Nebenwirkungen so manches Mal an Abbruch denken ließen. Dann war auch das geschafft. Das Auf und Ab der Gefühle hat sie nur wenigen Vertrauten gezeigt. Sie wollte stark sein und optimistisch – für sich selbst, für ihre Kinder und für alles, was die Zukunft bereithielt. Sie wollte und konnte das Leben genießen. Bis zu dem schwarzen Tag, an dem der Satz an ihr Ohr drang: „Die Leukämie ist zurückgekehrt!"

Nichts und niemand kann nachempfinden, was das für einen Menschen bedeutet, der gerade versucht, an dem Wunder einer Heilung festzuhalten. Die Angst, die stets in ihrem tiefsten Inneren geblieben war, droht erneut um sich zu greifen. Und doch – ein Weg steht ihr noch offen: die Stammzelltransplantation. Fast klingt es wie ein Zauberwort. Leben oder Sterben? Eine Wahl hat sie nicht. Die Aufklärung über die einschneidende Prozedur der Vorbereitung nimmt sie nach all dem, was hinter ihr liegt, fast sachlich auf. Von diesem Moment an bewegt sie nur noch die eine Frage: „Wo kommt der Spender her?" Sie erinnert sich an dramatische Suchaktionen, über die das Fernsehen berichtete. Sie erfährt, dass von der Familie kein Spender infrage kommt. Was bleibt, ist die weltweite Stammzellspenderdatei. Hoffen und wieder warten… Die Ärzte verbreiten Optimismus. Kann man ihnen trauen?

Tatsächlich dauert es nur wenige Wochen, bis ihr mitgeteilt wird, dass drei mögliche Spender gefunden sind. Inzwischen ist es kurz vor Weihnachten. Noch im Dezember soll sie ins Krankenhaus. Es wird ein Weihnachtsgeschenk. Dann die Absage: Der Spender ist krank! Wie tief die Enttäuschung sitzt, weiß nur sie. Aber die Rede war von drei Spendern. Bleiben noch immer zwei. Die Ärzte vertrösten sie. Das alte Jahr geht dem Ende zu, im neuen wird es klappen, bestimmt! Anfang Januar die Ernüchterung: Der nächste ist arbeitsbedingt verhindert! Was nun? „Bei dem Glück, das ich habe, wird es auch mit dem dritten nichts!" Eine Schlussfolgerung, die ihr keiner verdenken kann. Noch fast zwei Monate werden vergehen, bis dann tatsächlich die Stammzelltransplantation erfolgen kann. Die Zellen kommen aus dem Norden Deutschlands, wird ihr gesagt. Manchmal passiert auch auf dem Transport noch etwas Unvorhergesehenes. Was für Gedanken! Das bange Warten nimmt kein Ende. Dann sind die lebensrettenden Zellen da.

Später erfährt sie, dass diese Zellen von einer jungen Frau stammen, nicht viel älter als ihre Tochter. Innerhalb der ersten zwei Jahre dürfen sie anonym miteinander korrespondieren. Die Verbindung ist lose, ein wenig verklemmt. Man kennt sich nicht. Dann liegt plötzlich in ihrem Briefkasten die Einladung der Deutschen Stammzellspenderdatei zu einer Tagung, auf der sie ihre Spenderin kennenlernen kann. Die Aufregung ist unbeschreiblich. Aufgewühlt fährt sie hin. Inzwischen sind ihr der Name und einige andere Details von ihrem „zweiten Ich" bekannt.

Als sie der hübschen jungen Frau begegnet, ist alle Scheu verschwunden. Sie wollen so viel voneinander wissen. Die Stammzelltypisierung, hört sie nun, lag nur wenige Monate zurück. Was für ein Glück! Ihre innere Stimme scheint zu sagen, dass am Ende der Tragödie nichts Besseres hätte passieren können, als Stammzellen von einer solchen Spenderin zu erhalten. Irgendwie kommt es ihr vor, als sei sie in einen Jungbrunnen gestiegen…

DU BIST DU

DU
weißt was DU willst:
Singen
Tanzen
Lachen
Denken
und Schreiben –
Reflection of the fantasy!

Die Welt
einfangen
mit jedem Sinn.

DU
kannst was DU willst:
Heute
Morgen
Übermorgen
Irgendwo
und Irgendwann –
The time is endless!

ZWISCHENSPIEL

Das Leben – ein schlechtes Theater.
Ich in der Mitte der Bühne.
Neben mir Krieger, Magier
und Komödianten.

Ein schmerzhaftes Spiel!
Mit sinnlosen Schlachten,
grotesken Orakeln
und höhnischem Tanz.

An Bergeshängen,
in tiefen Tälern,
durch endlose Weiten
und ödes Land.

Die Menge schaut zu.
Bekannte Gestalten
auf besten Plätzen
in Loge, Rang und Parkett.

Ihr Beifall hält sich in Grenzen.
Vor allem für mich...

PFLEGE IN NÖTEN
geschrieben 2016

Das ist eine Geschichte vom Miteinander. Sie erzählt von den Beziehungen der Menschen, ihren Konflikten und will zum Nachdenken anregen. Dabei begibt sich die Autorin in die Rolle einer Patientin, die einige Tage im Krankenhaus verbringen muss.

*

Die Patientin fühlt sich vollkommen erschöpft. Ihre Nerven sind gespannt wie Drahtseile. Kein Wunder, hat sie doch in den letzten drei Tagen vor ihrem Krankenhausaufenthalt jede Menge damit verbundener organisatorischer Fragen in der Familie klären müssen. Und am Vortag erfolgte die schwere fünfstündige Operation. Ein Zuckerschlecken war das keinesfalls. Für sie nicht. Ebenso wenig für die Ärzte und die anderen einbezogenen Mitarbeiter. Nun ist sie so weit unten wie lange nicht mehr.

Es ist 7.00 Uhr. Die Patientin liegt auf der Intensivtherapiestation und soll noch am gleichen Tag auf die Normalstation verlegt werden. Sie wird mit starken Schmerzmitteln versorgt, die sie nur schlecht verträgt. Bedingt dadurch kämpft sie mit Atemnot, verstopften Nasennebenhöhlen, Muskelschmerzen, Hitzegefühl. Nun macht ihr zu allem Übel auch eine bleierne Müdigkeit zu schaffen. Der Mund ist trocken. Sie versucht zu sprechen, merkt aber, dass es ihr kaum gelingt. Der Kopf ist wie leer und sie will einfach nicht wach werden.

Verdammt! Was ist los mit ihr? „Sie hatten ja auch eine schwere Operation", sagen die Ärzte, die an ihrem Bett stehen. Das Gespräch dreht sich um die Medikamente. Was man wegen der Unverträglichkeit austauschen kann usw. Schon im Vorfeld hatte die Patientin darauf hingewiesen und bemüht sich jetzt, diese Probleme noch einmal anzusprechen. Wie die Ärzte sich letztendlich entscheiden, wird ihr nicht gesagt. Das macht die Situation für sie nicht besser. Sie steht vollkommen neben sich und hat das Gefühl, die Kontrolle zu verlieren. Ihre Nerven sind noch angespannter als vorher. Und diese fürchterliche Müdigkeit!

Die Patientin hat jetzt nur einen Wunsch: Sie möchte sich ein wenig frisch machen. Irgendwie scheint alles an ihr zu kleben. Morgendliches Waschen wäre ja ohnehin angesagt. Doch die Schwester erklärt ihr, dass sie gegen 10.00 Uhr abgeholt wird und waschen, Hemd wechseln usw. auf der anderen Station erfolgt. Also ist Warten angesagt.

Tatsächlich kommen dann zur angekündigten Zeit eine Schwester und eine Schülerin mit einem Bett von der anderen Station, um die Patientin abzuholen. Sie „steigt um" und los geht´s. Eine unendlich lange Fahrt durch den Kellergang zum hinteren Gebäude beginnt. Was für ein Transportaufwand für die Schwestern! „Wieso übernimmt das nicht ein Hol- und Bringedienst?", geht es der Patientin durch den Kopf. Aber wie sie später erfährt, lautet die Antwort auf eine solche Nachfrage nur: „Keine Leute, keine Leute." Irgendwie tun die Schwestern ihr leid. Die haben sicher Wichtigeres zu tun. Aber was sein muss, muss sein.

*

Ankunft auf der Station. Die Patientin wird mit dem Bett in ein sehr kleines 2-Bett-Zimmer geschoben. Da sie zur OP-Vorbereitung bereits auf dieser Station war, kennt sie die anderen Zimmer und kommt sich nun vor wie in einer Besenkammer. Die Schülerin bringt noch die Tasche mit den Sachen der Patientin, die diese vor der Operation auf der Station gelassen hatte. Dazu zwei Handtücher und Waschlappen. Das war´s. Dann ist auch sie – wie bereits die Schwester – verschwunden.

Die Patientin bleibt sich selbst überlassen. Das Bett steht dicht an der Wand. Sie fühlt sich „eingeengt" und bekommt nur schlecht Luft. Der Kopf dröhnt. Noch immer hat sie das Bedürfnis nach „Frische". Aber allein Aufstehen und ins Bad gehen ist gänzlich unmöglich. Eigentlich müsste selbst eine Schülerin so etwas wissen. Der Patientin bleibt nichts anderes übrig, als zu klingeln und die Schülerin, die daraufhin in der Tür erscheint, um Hilfe zu bitten. Die schaut nur, sagt kein Wort und macht die Tür wieder von außen zu. Die Patientin spürt, wie sie die Fassung verliert. Am liebsten würde sie schreien, doch selbst dazu fühlt sie sich zu schlapp.

Da hört sie das Geräusch. Es kommt vom Nachbarbett, welches offensichtlich belegt ist. Doch im Zimmer befindet sich außer ihr niemand. Dieses Geräusch macht sie fast wahnsinnig. In schönster Regelmäßigkeit vernimmt sie: „Saugen – Pumpen – Saugen – Pumpen…". Ohne Ende. Dann begreift die Patientin, dass sich am Nachbarbett ein Sauerstoffgerät befindet. Ihre Anspannung steigt weiter…

Plötzlich geht die Tür auf. Was für eine Erleichterung. Nein, es ist keine Schwester, die ihr behilflich sein möchte. Auch nicht die Patientin aus dem Nachbarbett. Was jetzt kommt heißt: Chefarztvisite. Die Patientin hat eine Menge Fragen. Der Chefarzt ist ihre Vertrauensperson. Sie hat sich in seine Hände begeben, obwohl sie ebenso wie er wusste, dass es sich in ihrem Fall um eine äußerst komplizierte Operation handelt.

Auch jetzt merkt die Patientin, dass sie kaum sprechen und sich noch weniger konzentrieren kann. Er informiert sie ausführlich über den genauen Befund und die Operation. Eigentlich habe er das schon einmal am Vortag getan, meint der Chefarzt lächelnd. Sie kann sich nicht mehr daran erinnern und versucht jetzt, möglichst alles zu erfassen. „Was ist das bloß?" denkt sie. „Konzentrier dich…".

Nun steigt die Angst in ihr hoch, dass sie infolge der Narkose eine Psychose bekommen haben könnte. Dass es so etwas gibt, weiß sie. Aber der Chefarzt beruhigt sie: „Das sind die Medikamente. Das vergeht wieder." Seine Worte in Gottes Gehörgang! Welche Medikamente sie bekommt, weiß sie noch immer nicht. Auf die Frage, ob sie aufstehen darf, wird ihr gesagt: „Unbedingt erst einmal nur in Begleitung!". Worauf die an der Visite teilnehmende Schwester anmerkt: „Ich komme dann gleich noch einmal." Ende. Abwartend bleibt die Patientin wieder allein zurück. Jene Schwester ist allerdings nicht mehr aufgetaucht. Ob es sich dabei um die Stationsschwester handelte, hat die Patientin nie erfahren.

*

Erneut möchte die Patientin aufstehen, zur Toilette gehen und sich wenigstens ein wenig waschen. Nun wagt sie, noch einmal zu klingeln. Eigentlich eine Selbstverständlichkeit, aber sie hat auf Grund der bisherigen Erfahrung das ungute Gefühl, etwas „Unzulässiges" zu tun. Nach einiger Zeit erscheint die ihr schon bekannte Schülerin, und die Patientin bittet noch einmal – jetzt schon in etwas weniger freundlichem Ton – um deren Begleitung ins Bad, da sie nicht allein aufstehen dürfe. Auch dieses Mal schaut die Schülerin sie nur an, dreht sich um – und entschwindet!

Kann man es der Patientin verübeln, dass ihre Anspannung in zunehmende Erregung umschlägt? Was lernt ein junger Mensch hier eigentlich? Und warum nur wird mit ihr so umgegangen, fragt sie sich immer wieder. Wer ist sie denn? Sie kann die Ereignisse an allen zehn Fingern ablesen, wo sie einen anderen Menschen um Hilfe gebeten hat. Wie gern würde sie selbst aufstehen, wenn es ihr nicht solche Schwierigkeiten bereiten würde. Dazu noch immer das „Saugen – Pumpen – Saugen – Pumpen…"

Die Tür geht auf. Nein, es ist keine Schwester. Nun endlich lernt die Patientin ihre Bettnachbarin kennen. Allerdings: Ein unguter Augenblick! So wie der Frust im Leben nur allzu oft ein falsches Opfer findet, bekommt auch jetzt diese schwer asthmakranke Frau den Unmut der Patientin zu spüren. Muss eigentlich das Sauerstoff-gerät ständig laufen – auch wenn es gar nicht gebraucht wird????? Die Patientin findet am zweiten Tag nach einer so schweren Operation wie der ihren eine solche Zimmernachbarin als wenig zumutbar. Und dazu in so einem engen Zimmer, wo man fast „aufeinander zu liegen" scheint. Da kann ein Mensch noch so verständnisvoll sein…

Doch manchmal hat ein Gepeinigter auch Glück im Leben: Diese Frau wird am gleichen Tag auf eine andere Station verlegt, wo die Lungenkranken auch hingehören. Umso mehr bekommt unsere Patientin den Eindruck, dass das kleine Zimmer tatsächlich nur ein Notbehelf als Übergang ist. Zumindest in der Belegung mit zwei Betten. Allerdings sollte das für die nächsten elf Tage ihres Krankenhausaufenthaltes dann doch für sie die endgültige Lösung sein. Ihre neue Bettnachbarin ist physisch und psychisch in einem so schlechten Zustand, dass sich die Patientin zunehmend zu deren „Mutmacher" entwickelt. Eine Rolle, die sie gern dem medizinischen Personal überlassen hätte!

*

Zurück zum Ausgangspunkt. Noch immer wartet die Patientin darauf, dass eine Schwester oder wer auch immer sie ins Bad begleitet. Inzwischen ist es 12.00 Uhr durch. Sie hat weiterhin das verschwitzte Krankenhaushemd an, das man ihr nach der Operation angezogen hat. Gewaschen ist sie nach wie vor nicht. Hygiene sieht aus ihrer Sicht anders aus. Also im Widerstreit von Zurückhaltung und Zorn noch einmal klingeln! Es dauert und dauert, bis sich etwas rührt.

Diesmal bringt die Schülerin Verstärkung mit. Sie kommt mit der Schwester, die die Patientin von der ITS abgeholt hat. Das heißt – die Schwester erscheint zuerst, die Schülerin „im Schlepptau".

Folgender Dialog entspinnt sich:

Schwester S. genervt:

„Was wollen Sie denn?"

Die Patientin auf Grund einer so unsinnigen Frage ziemlich lautstark:

„Ich hatte bereits mehrfach darum gebeten, ins Bad gehen zu dürfen um mich zu waschen, was vorerst leider nur in Begleitung möglich ist, da ich nicht alleine … aufstehen darf."

Zu „aufstehen darf" kommt sie gar nicht mehr. Schwester S. fällt ihr mit aggressivem Ton ins Wort:

„Das hätten sie morgens machen müssen. Jetzt will ich Ihnen mal unseren Ablauf erklären…"

Nun fällt die Patientin, die vor Jahren selbst einmal als Krankenschwester gearbeitet und mehrfache Krankenhausaufenthalte hinter sich hat, der Schwester mit deutlicher Lautstärke ins Wort:

„Ich kenne Ihren Ablauf. Wie reden Sie überhaupt mit mir?" Es ist kaum fassbar, denkt sie, wie eine so junge Schwester mit einer Patientin, die die Siebzig überschritten hat, umgeht. Natürlich könnte man auch im Gespräch mit Gleichaltrigen so etwas nicht einfach hinnehmen.

Schwester S., die sich offensichtlich angegriffen fühlt, macht jetzt das Beste, was sie tun kann, um ihrer Erregung Herr zu werden – sie geht vor die Tür. Die Schülerin auch.

Nach wenigen Minuten erscheinen beide wieder. Doch statt die Patientin nun zum Bad zu begleiten – denn um mehr ging es ja nicht – beginnt die Schwester erneut in belehrendem Ton:

„Kann ich Ihnen jetzt unsere Abläufe…"

Der Patientin reicht´s. Erneut fällt sie der Schwester

unmissverständlich ins Wort:

„Ich habe schon gesagt, dass ich ihre Abläufe kenne. Die Schwester der ITS meinte, dass diese Station hier sich um das morgendliche Waschen kümmert." Schließlich ist es nicht das Verschulden der Patientin, wenn eine Station solche Aufgaben auf die andere schiebt.

Nun sagt Schwester S. – da sie mit ihrer Belehrung nicht zum Zuge kam – etwas, das der Patientin dann doch die Sprache verschlägt:

„Darf ich nicht mal frühstücken?" Offensichtlich merkt die Schwester, dass diese Äußerung unpassend war, und setzt schnell nach: „Oder mich um meine anderen Patienten kümmern?"

Womit sich Schwester S. scheinbar das Recht „erkauft", gemeinsam mit der Schülerin das Zimmer ohne Hilfestellung zu verlassen. Beim Hinausgehen sagt sie dann, so dass es die Patientin hören kann:

„Die wird sich beschweren!"

Noch immer ist nichts weiter geschehen. Das Mittagessen wird von den Küchenkräften ans Bett gestellt, aber die Patientin kann sich in ihrem Zustand mit der Drainage und Infusion schlecht aufrichten. Auch das ist eine Aktion, wo Hilfe erforderlich wäre. Es ist 13.00 Uhr vorbei, als sich endlich die Schülerin herablässt, die Patientin ins Bad zu begleiten. Sie hilft beim Waschen und Umziehen, so wie sie es bereits vor Stunden hätte tun können.

Die Patientin fühlt sich allmählich etwas besser. Die Morphine werden umgestellt, sodass sie bald wieder „klar" denken kann. Während ihres ganzen Krankenhausaufenthaltes hat sie nie wieder um Hilfe gebeten. Obwohl die Drainage erst einige Tage später entfernt wird, die Schmerzen ihr mehr als gebührend zusetzen, da sie die Nebenwirkungen hoher Morphindosen scheut, ist sie der Meinung, dass ein Bitten um Hilfe nicht mehr angebracht sei.

*

In den Folgetagen lernt die Patientin weitere Schwestern, Pfleger und Therapeuten kennen. Ganz sicher stehen sie unter dem gleichen Zeitdruck und versuchen doch, ihr Bestes zu geben. Was aber ist der Maßstab für das Beste? Das, was die anderen vorleben? Das, was man im Rahmen der verfügbaren Zeit schaffen kann? Oder das, was man in der Ausbildung alles lernt? Diese Messlatte ist vermutlich tatsächlich zu hoch. Was aber dann?

Jede und jeder hat seine eigene Art, mit den Patienten umzugehen. Da sind die älteren Schwestern mit ihren längeren Erfahrungen. Vielleicht auch mit anderen Sichtweisen. Offenherzig die eine, die alles in schönster Ausführlichkeit „beantwortet". Auch das, wonach man überhaupt nicht gefragt hat. Die andere, die eine betagte Patientin, als diese weint, weil der Behandlungsstress sie so überanstrengt hat, verwundert fragt: „Warum weinen sie denn?" Und weiter: „Ich könnte weinen, wenn ich das hier alles sehe." Da ist die fürsorgliche türkische Schwester, die die Augen überall hat und Herz und Hände am rechten Fleck.

Auffallend die jungen Schwestern und Schülerinnen. Jede eine Schönheit für sich. Sie würden auf dem Laufsteg eine gute Figur machen, haben sich aber für diesen schweren Beruf entschieden. Da ist das stets freundliche Küchenpersonal. Die kleine Asiatin, bei der man immer denkt, ihre Zunge sei verknotet, wenn sie spricht. Nicht zu vergessen der zuvorkommende Azubi, der sich sogar verabschiedet, weil er längere Zeit die Schulbank drücken muss. Besonders beeindruckend, die professionelle spanische Physiotherapeutin, die genau weiß, was nötig ist.

Allen gebührt Achtung und Anerkennung, selbst dann, wenn ihnen im Arbeitsstress einmal die Nerven durchgehen. Die meisten von ihnen können im aufmerksamen Umgang mit den Patienten noch immer etwas dazu lernen. Eine Aufgabe, die kein Geld kostet, dafür aber Zeit. Und Zeit ist hier kostbarer als Geld.

*

Kommen wir noch einmal auf Schwester S. zurück. Die weiteren Begegnungen mit ihr verlaufen sachlich und freundlich. Selbstverständlich hatte die Patientin nicht die Absicht, sich zu beschweren. „Keine Leute – keine Leute" ist in der Pflege bekanntlich ein gravierendes Problem. Sie geht davon aus, dass Schwester S. schon von morgens an in Anspannung gewesen ist und ihre falsche Verhaltensweise ganz sicher eingesehen hat. Der ganze Disput war völlig unsinnig. Vermutlich wurde die Schwester vom Frühstück „aufgescheucht", um die Patientin abzuholen. Und so kam der Kreislauf in Gang. Die Hilfestellung hätte viel weniger Zeit gefordert, als durch die Aufregung beansprucht wurde. Damit ist die Angelegenheit für die Patientin erledigt.

Und doch kommt sie Tage später erneut ins Grübeln. Beinahe zufällig hält sie ihre Krankenakte in den Händen und kann nun lesen, was Schwester S. an dem betreffenden Tag in die Pflegedokumentation eingetragen hat. Selbst dann, wenn man berücksichtigt, dass sie mit Blick auf eine mögliche Beschwerde den Disput zu ihren Gunsten „verbiegen" wollte, ist die Darstellung in der Akte für die Patientin eine Enttäuschung. Kurzfassung des Geschriebenen: Die Patientin zeigt keine Einsicht in die Arbeitsabläufe usw. usw.

Was wäre jetzt zu tun? Immerhin geht es hier um ein Dokument, und der Eintrag ist aktenkundig. Soll die

Patientin Schwester S. zur Rede stellen? Neue Aufregung verursachen, wo die Schwester vermutlich auf ihrer Darstellung beharren und die Schülerin deren Meinung auf Teufel komm raus unterstützen wird? Soll sich die Patientin doch noch beschweren? Nein. Sie entscheidet sich für einen anderen Weg. Die Patientin schlüpft wieder in die Rolle einer Autorin und macht daraus eine Geschichte. Jeder, der sie lesen wird, kann sich über Sinn und Unsinn einer solchen Konfliktsituation, über Hintergründe und Zusammenhänge seine eigenen Gedanken machen. Vielleicht ergibt sich daraus sogar eine öffentliche Diskussion. Die Überschrift „Pflege in Nöten" scheint es nicht besser treffen zu können.

HELDEN

Helden
bekommen alles
geschenkt:
die Liebe der Mutter,
die Huldigung des Vaters,
den Beifall der Fans.

Helden
sind die Kinder
des Glücks.
Selbst im Fallen noch
fangen die Götter
sie auf.

HEILSAME ERKENNTNIS

Würde ich, irgendwann,
noch einmal geboren –
ich sähe,
was mir verborgen blieb:

Abgründe
hinter grünenden Wäldern,
wildes Getier,
zum Sprunge bereit.
Mühelos
könnte ich Gärten finden,
wo Bienen summen
und Blumen blühn.

Würde ich, irgendwann,
noch einmal geboren –
ganz anders
sähe ich diese Welt!
Blickt´ durch eine Brille,
mal rosa mal rot,
und wüsste –
der Werbung zum Trotze:

Bei Fielmann gäb es die nie!!!

Würde ich, irgendwann,
noch einmal geboren –
ich mischte
die alten Karten neu:

Buben und Damen
mit Assen im Spiel,
lägen mir wie dem King
dann zu Füßen.
Kinderleicht
könnte ich Luschen besiegen,
mit einem Zuge
Gewinner sein.

Würde ich, irgendwann,
noch einmal geboren –
ich hätte
den Trumpf in der Hand!
Besäße ein Herzblatt
von leuchtendem Rot
und wüsste –
den Regeln zum Trotze:

Ausspielen würd´ ich das nie!!!

LEBENSMAXIME I
geschrieben 2016

Ich gebe zu, dass ich es mit Gott nicht so habe. Wen wundert das?! Vielleicht ist es ein Fehler. Womöglich sogar der größte, den ein Mensch sich leisten kann. Was sage ich – leisten d a r f ! Denn sollte es Gott wirklich geben – wer kann das mit Sicherheit bestreiten – dann tut er recht daran, mich im Auge zu behalten. Doch wie sollte man nicht an der Existenz eines so überirdischen Wesens zweifeln, wenn das Menschsein mit so viel Leid und Elend verbunden ist, wie wir es tagtäglich im Großen und im Kleinen erleben müssen. Würde – ja dürfte – er so etwas zulassen? Und wenn ja – warum? Was steckt dahinter? Welchem Zweck soll so etwas dienen?

Fragen ohne Ende, mit denen ich mich schon vor Jahren, ganz besonders, wenn es mir gesundheitlich schlecht ging, beschäftigt habe. Bis zu jenem Tag, als mir die Antwort von einem Stellvertreter Gottes geradezu in den Schoß gelegt wurde. Ob es Zufall oder höhere Fügung war, das mich mein Weg in dessen Nähe führte, als er die Botschaft verkündete, wird wohl für immer ein Rätsel bleiben.

Die Worte, die kein geringerer als der Bischof vom Bistum Görlitz an einem Pfingstsonntag in der Pfarrkirche Mariä Himmelfahrt zu Neuzelle von der Kanzel verkündete, enthielten eine so verblüffende Logik, dass ich mich wunderte, nicht von selbst darauf gekommen zu sein. Eigentlich waren sie gar nicht an mich gerichtet. Der Bischof hatte die in der dortigen Stiftung betreuten Menschen mit Behinderungen im Blick, als er Gottes Absicht offenbarte. Und doch wusste ich sofort, was er auch mir sagen wollte:

Behinderungen und Krankheiten sind weder ein Makel noch eine Strafe. Im Gegenteil. Gott hat sich etwas ganz besonderes einfallen lassen. Er hat die allerbesten und stärksten Menschen ausgewählt, damit sie den anderen vorleben, was ein Mensch auszuhalten vermag. Jene Menschen sind die von Gott Auserwählten, die er mit einer solchen Auszeichnung belohnt. So der Bischof.

Was soll man dazu sagen? Kann man dazu überhaupt etwas sagen? Mitnichten. Stolz erhobenen Hauptes verlassen wir – die wir uns angesprochen fühlen – die Kirche…

Doch inzwischen, nach all dem, was mir in meinem Leben widerfahren ist, wage ich, die Botschaft, die Gott seinem Stellvertreter ins Ohr flüsterte, anzuzweifeln. Mit aller Entschiedenheit lege ich mich mit ihm an. Und dabei spreche ich nicht nur für mich. Auch andere Menschen in meiner Nähe haben es satt, ihre Leidensgeschichte durch eine rosarote Brille sehen zu wollen. Gemeinsam proben wir den Aufstand. Die Wahrheit lässt sich auf Dauer nicht verbiegen. Wenn Gott uns mit Krankheiten übersät, dann möge er endlich aufhören, die ganze Sache schönzureden. Tatsächlich fühlen wir uns als Auserwählte. Doch die Konsequenz in unserem Fall kann nur lauten: „Wen Gott auserwählt hat, den straft er!"

Natürlich kommt mir das Ganze sehr „ungereimt" vor. Also versuche ich, mir einen Reim darauf zu machen und wähle das Motto:

Ab jetzt vertraue ich nur noch mir selbst!

LEBENSMAXIME II

Das Leben hält vieles für uns bereit;
nach Gutem strebt man zu Recht.
Doch immer mal wieder verirrt sich die Zeit,
und dann geht es uns richtig schlecht.

Erst glaubt man an Pech, das jener beschert,
dem unser Leben missfiel.
Dann denkt man, der Vorwurf sei gänzlich verkehrt,
weil höhere Mächte im Spiel.

Man hadert mit dem, was das Schicksal tut,
doch einmal lässt man es sein.
Besinnt sich just neu und vergisst seine Wut.
Das Elend scheint plötzlich recht klein.

Verschwunden das Sehnen nach heiler Welt;
vergangen der Traum von Glück,
das wie goldene Taler vom Himmel fällt –
wir kehrn auf die Erde zurück.

Was nützt es, zu hadern mit seinem Los:
Vertraun wir der eigenen Kraft!
Die wahre Zufriedenheit findet der bloß,
der sie sich im Inneren schafft.

WELLENBAD DER GEFÜHLE

NACHTFISCH

Ich suche Dich
in schwarzer Nacht,
nicht einmal
Sterne funkeln.
Berühre, fühle,
taste sacht –
und tappe doch
im Dunkeln.

Als Blindfisch,
nur dem Spürsinn
überlassen,
merk´ ich, wie nah Du bist –
kann dich
im Finstern fassen;
an Deinen Lippen saugen
stundenlang…

Du öffnest mir die Augen –
Gott sei Dank!

MIT ODER OHNE
geschrieben 2017

Betrachten wir das Thema unter einem Blickwinkel, der so alt ist wie die Menschheit: Brauchen Frauen einen Mann und umgekehrt? Ja oder nein?

Ein allen bekanntest Sprichwort sagt: Eine Frau ohne einen Mann ist wie ein Fisch ohne Fahrrad! Und der Mann? Ein Mann ohne eine Frau ist wie ein Pferd ohne Zügel. Oder aber:...Wie Spaghetti ohne Parmesan. Oder:... Wie eine Vase ohne Blumen. Oder:...Wie ein Knochengerüst ohne Rippe!

O.K. Bezieht man(n) das Ganze also auf die Rippe, die Gott dem Mann gestohlen haben soll, um daraus ein Weibs-Bild zu machen, dann würde das bedeuten, dass erst aus beiden tatsächlich ein Ganzes wird. Und das winzige Stück „Frau" müsste sich fügen. Denn genau dieses Weibs-Stück wäre sozusagen im Sinne eines Mann-Weibes das seine! Doch aus der Rippe wurde nun einmal eine echte Weibs-Person, die nichts, aber auch gar nichts mit einem läppischen Knochenstück als Ergänzung des Mannes zu tun hat. Im Gegenteil. Die Pracht-Weiber, Rasse-Weiber, Vollblut-Weiber machen den Mann erst wirklich zum Manne. Also braucht der Mann die Frau in ihrer Vollkommenheit, um sich selbst zu wahrer Größe zu entwickeln.

So gesehen scheint es nur gerecht, wenn der Mann sich – statt den Weiber-Helden zu spielen – in die Rolle eines Weiber-Knechtes fügt und in der Weiber-Wirtschaft den ihm gebührenden Platz einnimmt. Der Garant wäre ein echtes Teufels-Weib, und wenn er Glück hat in Gestalt eines Ehe-Weibes. Sollte der Mann allerdings dieses Weib nur als unscheinbares geripptes Anhängsel betrachten, dann geschieht es ihm recht, wenn der Herr ihm ein Hutzel-Weib, ein Klatsch-Weib oder ein Fisch-Weib sendet, so dass er wie ein Wasch-Weib um Gnade winselt.

Natürlich kann man es auch anders sehen: Eine Frau ohne Mann ist wie Spucke im Sand – sie vertrocknet!!!??? Kann sein, kann auch nicht sein. Der Varianten gibt es viele. Wie auch immer. Und da sich vermutlich weder die Männer noch die Frauen von meinem Weiber-Geschwätz beeindrucken lassen, bleibt die Frage im Raum: Ist MIT nun besser als OHNE?

FAZIT: Das soll doch bitte mal JEDER oder JEDE für sich selbst beantworten!

FREI SEIN

Schuldgefühle
wegwerfen wie
ein fleckiges Hemd.
Verpflichtungen mit Füßen treten.
Abstreifen die alte dünne Haut:

Befreiung!

In
neuem Kleid
ein Vogel sein
mit leichten bunten Federn.
Wonniglich schwebend das Weite suchen –

Freiheit!

ERSTE LIEBE – SILBERHOCHZEITS-TÜFTELEI
(Offener) Brief an meinen Mann
geschrieben 2005

Das, was ich mir bisher unter der ersten Liebe vorgestellt hatte, warst Du für mich nun wirklich nicht. Als wir uns vor mehr als 25 Jahren begegneten, hatte ich die 30 und eine Scheidung schon hinter mir. Dafür bereicherten zwei halbwüchsige Kinder mein Leben. Versuche, eine neue Liebe zu finden, scheiterten kläglich. Dein Status sah ähnlich aus. Nur, dass Du bereits weitere 12 Lebensjahre mehr auf dem Buckel hattest.

Damals wurde ich zu einem Studium delegiert und Du gehörtest zum „Lehrkörper". Noch konnte ich Dich in keinem Seminar und in keiner Vorlesung bewundern. Das kam später. Aber auf einer Tanzveranstaltung nach Abschluss des ersten Studienjahres fiel ich Dir auf. Du mir ebenso. Schwungvoll bewegt – eine andere im Arm – sahst Du mich an. Selbst heute spüre ich diesen langen tiefgründigen verführerischen Blick, wenn ich mich an jenen Tag erinnere. Das war der Moment, als wir begannen, uns für einander zu interessieren. Und doch dauerte es eine geraume Weile, bis unser Entschluss feststand, noch einmal zu heiraten. Wir waren gebrannte Kinder. Nun aber wollten wir alles anders machen. Viel zu schnell verging die Zeit. In einer rasanten Berg- und Talfahrt sind wir – begleitet von Anverwandten und lieben Freunden – gemeinsam durch 25 Jahre unseres Lebens gefahren. Deine und meine Kinder bekamen inzwischen selber Kinder, unsere Enkel. Auch sie wuchsen heran. Das Gedränge in den Familienabteilen des Zuges wurde größer und größer. Und immer wieder springt einer auf.

Doch mehr und mehr kann ich spüren, dass die rollenden Räder ihre Spuren hinterlassen haben. Stationen der Liebe und der Gewohnheit wechselten sich ab. So manches Mal gab es eine Erschütterung, wenn wieder ein Traum auf der Strecke geblieben war. Stets aber ging es vorwärts. Und wir wussten, dass wir uns aneinander festhalten können. 25 Jahre sind eine lange Zeit. Im Nachdenken über Dich, über mich und unser Leben begann ich, den Weg zurück zu gehen und schrieb Dir die „Geschichte unserer Annäherung".

Ich begann in alten Papieren zu wühlen. Briefe aus vergangenen Zeiten fielen mir in die Hände. Eine Ewigkeit hatte ich sie nicht mehr gelesen. Zu unserem ersten Hochzeitstag, den Du mit dienstlichem Auftrag im fernen Vietnam verbrachtest, schriebst Du mir als Resümee die bedeutungsvollen Worte: „...Vor allem ist die Liebe frisch geblieben und ohne die geht eigentlich nichts..." Erst jetzt konnte ich verstehen, wie recht Du damit hattest.

Aber die verworrene Frage blieb, was „Liebe" wirklich ist. Was hebt sie ab von all den Plänkeleien, die sich Verliebtheit, Liebelei, Liebschaft oder Liebesabenteuer nennen? Da kam mir das kleine Büchlein zu Hilfe, das ich im vergangenen Jahr geschenkt bekam – die wunderbare Sammlung von Liebesbriefen deutscher Dichter. Beim Blättern las ich mich fest an den Worten, die Friedrich Hebbel am 10. März 1852 an seine Frau Christine schrieb:

„O Gott, wie tief erkenne ich's, daß zwei Menschen, die sich lieben, sich nie trennen und sich auch aus der äußeren Misere, die immer wiederkehrt, sei's nun in dieser oder jener Gestalt, nichts machen sollten...".

Da plötzlich wusste ich es. Wie Schuppen fiel es mir von den Augen. Was vorher war und tausend Scherben hinterließ, kann sein, was immer es auch will - Du bist sie doch, die erste Liebe meines Lebens!

BESTÄNDIGKEIT DER ERINNERUNG*

Fünf vor zwölf – die Uhr, sie rennt,
Mensch schaut trüb´ auf den Moment,
wo die Stunde hat ihr Ende –
hadert mit der Zeitenwende.

Fünf vor zwölf – der Stunde Rest –
wer hält diesen Zeiger fest?
Mensch ist jenem Lauf erlegen,
fragt sich nun weshalb, weswegen

läuft die Uhr, rennt seine Zeit?
Sieht Gebilde weit und breit,
die ihn zu mehr Eile mahnen.
Doch die Zeit, sie läuft in Bahnen

wie von selbst zur vollen Stund´.
Schon gibt eine Uhr die Kund´,
dass die Zwölf nun überschritten.
Selbst mit Flehen und mit Bitten

und wenn´s Schicksal Gutes tät –
kurz nach Zwölf ist es zu spät.
Seine Zeit, die ist zerronnen
mit den Freuden und den Wonnen.

Sind die Uhren aus der Norm,
hängen weich in neuer Form,
fehlt des Menschen Zeitenmesser
und sein Dasein wird nicht besser.

Die Erinnerung, sie bleibt,
auch wenn sich der Mensch zerreibt.
Toben doch im Innern weiter
tausend Emsen froh und heiter.

So gesehen hat die Zeit
ewiglich Beständigkeit.

ZERRINNENDE ZEIT*

Als die Uhren
noch rund waren,
kannte ich alles
an Dir.

Das Zifferblatt
zeigte zwölf Stunden
gleichmäßig verteilt
in geordnetem Kreis.

Wir lebten
im Rhythmus der Uhren
und folgten
den Zeigern im Lauf.

Damals
war es die Mitte,
die sie festhielt,
und nicht der Rand.

Irgendwann, wie von selbst,
verschwand
das Gleichmaß
der Uhren.

Verschwand
die Ordnung
in meinem
Leben.

Verschwandest
auch Du –
und mit dir
die Erinnerung.

Als der Kreis der Uhren
ins Wanken geriet,
hatte ich
sie verloren.

Mit blinden Augen,
lechzend nach Leben,
begraben
im Zerrbild der Uhren –

fehlt mir
die zerronnene
Zeit
– – –
WER BIN ICH?

ICH TRAGE EINEN GROSSEN NAMEN
geschrieben 2004

Ich? Na ja, irgendwie schon. Allerdings nur wegen des glücklichen Umstandes, ein männliches Wesen der geschichtsträchtigen Ebert–Sippe ergattert zu haben. Aber die Überschrift, neben dem Berichtenswerten, ist natürlich meinem Mann gewidmet. Wem sonst? Doch für Georg wiederum spielt die familiäre Konstellation eine absolut untergeordnete Rolle. Es sei denn, jemand kommt, der ihn unbedingt daran erinnern will...

Diesmal trifft es ihn wie der Blitz aus heiterem Himmel: Hat sich doch der Südwestfunk gerade meinen Mann als Fernsehstar ausgeguckt! In der 299. Sendung von „Ich trage einen großen Namen" soll das Rateteam mit dem Reichspräsidenten Ebert konfrontiert werden. Und natürlich auch mit dem Enkel Georg... Ein solches Ansinnen findet mein Mann dann allerdings etwas zu gewaltig! Hier ist unbedingt Bedenkzeit erforderlich – wie immer, wenn er eine Entscheidung zu fällen hat, die ihm nicht ganz geheuer erscheint. Doch nach seinem – von mir mit angemessener Zurückhaltung forcierten – „Ja" kommt der Ball ins Rollen: Vorabsprache mit der Redaktionsleiterin bei uns, Festsetzung des Aufzeichnungstermins für den 22. Oktober 2004, Abstimmung des ganzen Drum und Dran. Ich strahle: Die Einladung gilt auch für mich. 3 Tage als Gäste des Südwestrundfunks – SWR – im protzigen Baden-Baden – kann der Mensch noch mehr verlangen?

ZWISCHEN SPIELCASINO UND BADEKUR

Am 21. Oktober sitzen wir im Flugzeug nach Stuttgart und atmen erst einmal tief durch. Gott sei Dank liegt der Vorbereitungsstress hinter uns. Georg litt vor allem unter der inhaltlichen Unbekannten, ich unter der des Outfits. Doch jetzt beginnt das Unternehmen uns allmählich Spaß zu machen: Wir, gemeinsam mit namhaften Fernsehstars und anderer Prominenz, inmitten des bundesdeutschen Medienrummels. Grotesker geht es nimmer!

Baden–Württemberg empfängt uns gegen 13.00 Uhr mit herrlichem Sonnenschein und 19 Grad Wärme. Wenige Tage vorher lag hier schon Schnee. Der Fahrer des SWR, der uns von Stuttgart nach Baden-Baden bringt, kämpft verzweifelt gegen den Stau an. Wir genießen die Landschaft. Nach eineinhalbstündiger Fahrt sehen wir sie von Angesicht: Diese vor Reichtum und Eleganz strotzende Stadt! Sie liegt inmitten eines Talkessels, doch sieht man ihre Villen auch auf den Hängen: Alte gediegene Häuser, denen die beiden Weltkriege nichts anhaben konnten, umgeben von Mischwald, der teils noch grün, teils in den bunten Farben des Herbstes leuchtet. Während wir uns dem

Stadtinneren, wo sich unser Hotel befindet, nähern, gibt der Fahrer „Ausflugs"tipps. Immerhin gehört der heutige Nachmittag uns. Doch zunächst nehmen wir das Hotel in Augenschein. Mit vier Sternen ist das „Holland-Hotel Sophienpark" eines der renommierten Häuser dieser Stadt. Das Team des SWR macht regelmäßig hier Station, wenn es sich zu Fernsehaufzeichnungen in Baden-Baden aufhält. Der Hauptstandort des Senders – allerdings ohne Studioräume – befindet sich in Stuttgart.

Stockt uns in der Empfangshalle des Hotels schon fast der Atem, so bleibt uns beim Betreten des Zimmers im wahrsten Sinne des Wortes die Luft weg. Hier können nur Dienstreisende gehobener Klasse oder Leute mit Geld nächtigen. Die Größe dieser Räumlichkeit, zu der selbstverständlich Sanitärzelle mit Badewanne und Flur gehören, entspricht schon fast einer kleinen Wohnung. Ihre Einrichtung, komplettiert durch Schreibtisch und Sofaecke, erinnert an den Jugendstil zu Beginn des vorigen Jahrhunderts. Die Andeutung eines Baldachins und die Decke des gewaltigen Bettes faszinieren in gelb-creme-schwarz gestreiftem Stoff, passend zu den Vorhängen der Fenster. Der Blick aus dem Balkon in den Park zeigt uns eine weitere Idylle. Schade, dass die Zeit zum Genießen so kurz ist...

Mit diesem Seufzer sind wir wieder bei dem, was uns hierher führte. Das Programm liegt bereits auf dem Tisch, daneben als Geschenk ein Radiowecker. Am nächsten Tag um 10.00 Uhr beginnt der Ernst des Lebens: Vorbesprechung, Probe, Aufzeichnung der Sendung. Dazwischen gemeinsamer Lunch, zum Abschluss des Tages Abendessen mit dem gesamten Team der Sendung. Eigentlich haben wir nur das Essen am heutigen Tag selbst zu finanzieren. Aber auch dazu finden wir einen netten Hinweis:

„Sollten Sie heute Abend noch eine Kleinigkeit essen wollen, bietet Ihnen das Holland-Hotel in der Zeit von 16.00 bis 24.00 Uhr in der Bauernstube gratis eine empfehlenswerte Kartoffelsuppe an."

Perfekter geht es nun wirklich nicht...

*

Doch jetzt wartet erst einmal Baden-Baden mit all seinen Sehenswürdigkeiten auf uns. Obwohl die verfügbare Zeit weder zum Besuch des Casinos noch für eine Badekur reicht, wollen wir doch das Markanteste dieser Stadt „mitnehmen": Von unserem Hotel in der Sophienstraße sind es nur wenige Schritte bis zum Leopoldsplatz, dem Mittelpunkt der Stadt mit einem imposanten Brunnen. Von dort aus schlendern wir zum historischen Stadtkern mit Rathaus, Stiftskirche und altem Dampfbad. Heute sind wir zu allem fähig! Selbst der steile Aufstieg zum Neuen Schloss schreckt uns nicht. Vorsichtshalber unterlassen wir es allerdings, die Stufen zu zählen... Dann hat sich die Anstrengung aber doch gelohnt. Der herrliche Blick über die Stadt ist Entschädigung genug. Zurück geht es durch den Schlosspark, hinein in die belebten Fußgängerzonen mit vielen kleinen Geschäften und sagenhaft großen Preisen...

Am „Cafe de Paris" machen wir Halt. Um etwas Ausgefallenes zu essen, wähle ich für uns „Birnentarte" – tatsächlich mit „a". Wir könnten ewig hier sitzen, doch ein wesentliches Stück dieser Stadt fehlt noch: das mondäne Baden-Baden! Vorbei am Theater führt uns der Weg zum wohl berühmtesten Gebäude der Stadt, dem Kurhaus, mit der seit 1824 existierenden Spielbank. Schweren Herzens entschließen wir uns dazu, das Casino zu meiden. Allerdings ist es nicht nur die fehlende Zeit, die uns zurückhält. Das versprochene Honorar wollen wir auf gar keinen Fall schon im Voraus verspielen. Da erscheint uns doch die benachbarte Trinkhalle für einen kurzen Aufenthalt wesentlich geeigneter. Leider hat sie schon geschlossen. Nichts desto trotz besichtigen wir ausgiebig die prächtigen Wandmalereien, deren Motive mir mein Mann ausschweifend zu erklären versucht. Dann treibt uns der Hunger aber doch zum Hotel zurück. Trotzdem können wir nicht umhin, immer wieder in den reizvollen Parkanlagen am Ufer der Oos stehen zu bleiben...

Selbst nach dem Genuss der Kartoffelsuppe, die wir uns auf keinen Fall entgehen lassen können, spazieren wir ein weiteres Mal los. Immer noch sind die Temperaturen fast sommerlich warm, doch an der frühzeitig einsetzenden Dunkelheit und der Leere auf den Straßen ist zweifelsfrei zu spüren, dass auch hier der Herbst bereits Einzug gehalten hat.

MIT PAGANINI IM TEAM

23. Oktober 10.00 Uhr Konferenzraum. Der Countdown läuft. Die wichtigsten Leute sind erschienen:

Selbstverständlich nicht das Rateteam, das tatsächlich bis zum Schluss keine Ahnung hat, um welche Personen es geht. Am Konferenztisch sitzen: der Moderator Wieland Backes, der Regisseur, die Lotsin Anja Höfer, die Redaktionsleiterin Ulrike Schmid, die wir bereits von ihrem Besuch bei uns kennen, Georg und ich. Ein wenig zu spät kommt der zweite Gast, der gemeinsam mit Georg in der vorgesehenen Sendung seinen Auftritt hat. Das Erscheinungsbild spricht Bände. So etwas wagen nur junge Leute: Ganz locker vom Hocker spaziert der Ur-Ur-Ur-Enkel des begnadeten Geigers Niccolò Paganini – übrigens gleichen Vor- und Zunamens – in sportlichem Shirt gemeinsam mit seiner Freundin und dem Dolmetscher in den Raum. Ein Italiener wie sein Vorfahre.

Bis jetzt wissen wir über die Sendung nicht viel mehr als das, was wir am Fernsehapparat selbst mehrfach miterleben konnten. Selbstverständlich haben wir in den letzten Wochen an den Sonntagen regelmäßig den RBB – SWR können wir nicht empfangen – angeschaltet, damit Georg sich einstimmen kann. Obwohl hier nur ältere Sendungen laufen, ist der Moderator noch der gleiche. Die Lotsin – eine junge sympathische Frau – hat erst vor kurzem die Sendung übernommen. Den Ablauf kennen wir also: Der Verwandte einer zu erratenden Person schreitet durch eine zweiflügelige Tür über den roten Teppich und wird vom Moderator empfangen. Auf ihn warten die drei Journalisten des Rateteams und die Lotsin. Die Fragen hat der Gast in der Regel nur mit „ja" oder „nein" zu beantworten. Die Lotsin hilft, wenn nötig und gibt nach Bekanntwerden des Namens einen kurzen Kommentar zu der geratenen Person. Dann wird der Nachfahre vom Moderator interviewt. Dauer der Sendung: 2 mal 15 Minuten. Aufzeichnung im Studio mit Publikum...

*

So weit, so gut. Dr. Paganini, er unterrichtet italienische Sprache, beginnt. Wieland Backes stellt Fragen, auf die er sich in der Sendung konzentrieren will. Wir lehnen uns zurück, lauschen dem klangvollen Italienisch und sind fasziniert von der lebhaften lockeren Art dieses Mannes. Durch die Übersetzung erfahren wir Wissenswertes über den großen Geiger. Seriöses und Sensationelles. Das ist wichtig für das Publikum. Allerdings hat der Reichspräsident Ebert davon weniger zu bieten. Trotzdem. Georg stellt sich ebenso zwanglos den Fragen zum Großvater, zu seinem Vater, zu dem eigenen Lebensweg, zu seinem Verhältnis zum sozialdemokratischen Vorfahren usw. Alles ist von Interesse. Selbst der Blinddarm des Reichspräsidenten, der sich in Berlin im anatomischen Museum befindet. Na klar, wenigstens dieser Gag muss sein!

12.00 Uhr Mittagessen. Zur Runde gehören jetzt noch zwei weitere Herren, die in der folgenden 300. Sendung, deren Aufzeichnung auch heute erfolgt, zu sehen sein werden: Der eine ist Baron von Knigge. Ein Rechtsanwalt aus Berlin im Alter von Mitte dreißig. Sage und schreibe der Ur-Ur-Ur-Großneffe des berühmten Adolph Freiherr von Knigge, den es, nachdem er sich vier Jahre erfolgreich um einen Fernsehauftritt drücken konnte, jetzt doch erwischt hat. Der andere ist ein Herr in Georgs Alter. Ein Anwalt aus Süddeutschland, der uns als Adoptivsohn der Witwe des Schauspielers und Regisseurs Curt Götz vorgestellt wird. Wir führen tiefschürfende Gespräche. Vor allem Baron von Knigge – ich mache mir einen Spaß daraus, diesen jungen Mann, der übrigens auch in Jeans zum Essen erscheint, mit „Herr Baron" anzusprechen – interessiert sich brennend für das Leben eines Nachfahren des Reichspräsidenten Ebert in der DDR.

14.00 Uhr. Nächster Termin. Die ganze Truppe fährt mit dem Kleinbus des Senders ins Studio. Wir nehmen die Räumlichkeiten in Augenschein, und die „Schauspieler" werden zu einer kurzen Probe gebeten: Gang über den Teppich, Sitzprobe auf der Couch, kurzer Dialog mit dem Regisseur. Das war´s. Rückfahrt zum Hotel, ausruhen, Gedanken sammeln, Kleider ordnen. Georg und ich gehen noch einmal die Fragen durch. Also der Anfang ist noch völlig offen. Zu Beginn der Sendung erfolgt in schönster Regelmäßigkeit die Frage: „Glauben Sie Ihrem Vorfahren ähnlich zu sehen?" Bei der morgendlichen Konferenz hat mein Mann wider besseres Wissens eine Ähnlichkeit bestreiten wollen, obwohl alle eine andere Meinung vertraten. Nach reiflichem Überlegen entscheidet er sich zu folgender Aussage: „Als klar war, dass ich in dieser Sendung auftrete, haben wir zu jener Frage in der Familie abgestimmt. Die Mehrheit war dafür, dass ich „Ja" sage!"

*

Das wäre geklärt. Werfen wir uns also in Schale und warten auf die Abholung. 16.15 Uhr ist das erste Team – Paganini–Ebert – an der Reihe. Niccolò Paganini besticht in einem eleganten blauen Anzug, so dass selbst der Moderator sich später in der Sendung eine anerkennende Bemerkung in Bezug auf dessen „morgendliches legeres Outfit" nicht verkneifen kann. Mein Mann sieht in seiner Kombination mit anthrazitfarbigem Jackett und hellerer Hose aus wie ein würdiger älterer Herr. Mehr an Äußerlichkeiten kann man nun wirklich nicht für sein Selbstwertgefühl tun. Ach doch. Beinahe hätte ich die Maske vergessen. Natürlich werden die Männer derartig geschminkt, dass Georg noch beim Abendessen mit braungepuderter Nase am Tisch sitzt.

Dann sind wir im Studioraum. Paganini und Ebert verschwinden hinter der Attrappe mit der zweiflügligen Tür, wir zwei Frauen werden auf den reservierten Stühlen in der ersten Reihe platziert. Im Studio herrscht hektisches Treiben: Beleuchtung und Kameras einstellen, Publikum einweisen usw. usw.. Eine Menge Mitarbeiter sind im Einsatz.

Zunächst zum Publikum: Ca. 120 Personen können sich für einen Platz bewerben, die dann das Studio kennenlernen und bei beiden Aufzeichnungen zugegen sind. Mindestens ein halbes Jahr im Voraus sind die Plätze ausgebucht. Wichtig ist vor allem, dass auch die breite mittlere Treppe „besetzt" wird, damit in der Fernsehsendung geschlossene Reihen zu sehen sind. Dafür liegen Kissen bereit. Allerdings beginnt der Ansturm auf jene Plätze erst, als der Assistent hervorhebt, dass diese Personen im Fernsehen zu sehen sind. Ich verkneife mir das Lachen, denn in allen bisherigen Aufzeichnungen waren nur einige wenige Rücken zu sehen. Dann muss unbedingt verhindert werden, dass jemand mit Hustenattacken stören könnte. Auch in diesem Fall meldet sich erst eine beachtliche Zahl von Anwärtern, als ihnen eine kleine Dose mit Menthol-Bonbons versprochen wird. Selbstverständlich wird auch an den Beifall erinnert. Vor allem die sparsamen Schwaben sollen das Klatschen nicht vergessen, höre ich...

Inzwischen sitzt das Rateteam an der festgelegten Stelle. Zwei dieser Journalisten sind uns aus den Fernsehsendungen bekannt. Vor allem der Mann, Bernd Schröder, scheint perfekt zu sein. Kaum eine Sendung vergeht, in der er nicht ziemlich schnell den Namen errät. Er moderiert Vormittagssendungen in der ARD, wie wir später erfahren werden. Die zweite schon länger Mitwirkende, Susanne Offenbach, schreibt Kolumnen und anderes für die Süddeutsche Zeitung. Die Dritte des Rateteams ist Gabriele von Arnim. Eine mir von Angesicht bekannt vorkommende Frau, die ich allerdings nirgendwo zuordnen kann. Ob Absicht oder Zufall: Wer es noch nicht bemerkt haben sollte – selbst das Rateteam vertritt mit Schröder, Offenbach und von Arnim „große Namen".

17.30 Uhr. Die Aufzeichnung beginnt. Zuerst flaniert Paganini über den Teppich. Natürlich ist es Bernd Schröder, der in relativ kurzer Zeit errät, um welche Person es sich handelt. Alles geht reibungslos. Paganini antwortet wie aus der Pistole geschossen, der Dolmetscher übersetzt, was zusätzlich Zeit kostet. Nach etwa einer halben Stunde kommt der Moderator zum Ende. Das heißt, 15 Minuten müssen geschnitten werden. Ich warte voller Spannung auf meinen Mann. Der konnte hinter der Wand die Sendung am Monitor verfolgen. Im Nachhinein erzählt er mir, dass ihn vor Aufregung die Blase gedrückt hat, er sich aber nicht mehr auf die Toilette wagte.

*

Die Tür geht auf und Georg schreitet strammen Schrittes auf Wieland Backes zu. Der geleitet ihn zur Couch und beginnt mit der Frage nach der Ähnlichkeit. Georg antwortet wie beabsichtigt, worauf der Moderator, zum Rateteam gewandt, kommentiert: „Sie sehen, es handelt sich um eine demokratische Familie." Damit dürfte er schon eine bestimmte Richtung angegeben haben. Wieder ist es dann Bernd Schröder, der nach mehreren Fragerunden auf Friedrich Ebert kommt. Kurze Ausführungen der Lotsin folgen, dann ist mein Mann an der Reihe.

Der Dialog zwischen ihm und dem Moderator beginnt - bei aller kritischen Distanz - mit einer Wertschätzung des Großvaters, der es vermocht hat, aus ärmlichen Verhältnissen durch eigenes Bildungsstreben bis an die Spitze eines Staates zu gelangen; der sich stets sozial und demokratisch engagiert hat und wiederholt gegen persönliche Angriffe vorgehen musste. Er wird weitergeführt über die Rolle des Vaters – der, zunächst Sozialdemokrat wie dessen Vater, dann als Mitglied der SED in der DDR hohe Ämter innehatte – bis zu Georgs eigener Biografie. Von der Parteihochschule und deren Abwicklung ist ebenso die Rede wie von der anschließenden Arbeitslosigkeit meines Mannes, seiner PDS-Zugehörigkeit und der Arbeit als Vorsitzender der Gemeindevertretung.

Es ist für uns eine neue, wohltuende Erfahrung, das sichtliche Interesse der Mitarbeiter dieser Sendung und des Publikums an einer solchen Problematik zu spüren. Georgs Antworten kommen ungezwungen, ehrlich und treffend. Ich finde ihn brillant. So stolz war ich lange nicht mehr auf meinen Mann. Selbst die Veranstalter sind des Lobes voll. Ich höre: „Ihr Mann hat das Interview absolviert, als ob er jeden Tag im Fernsehen auftritt." Oder: „Man hat eindeutig gemerkt, dass er als Professor gewöhnt ist, vor Leuten zu reden...". Und doch denke ich, dass die offene wissensdurstige Atmosphäre keinen unwesentlichen Ausschlag gegeben hat. Auch bei diesem Teil der Sendung wird gekürzt werden müssen. Selbstverständlich darf Georg etwaige Änderungswünsche nach Erhalt der bearbeiteten Kopie kundtun.

Natürlich wollen wir nun noch die Aufzeichnung der 300. Sendung miterleben. Da wird es doch erheblich schwieriger. Baron von Knigge ist der Erste. Auf die Frage nach der Ähnlichkeit antwortet er schon einmal: „Ich bin so vermessen, `nein´ zu sagen." Was heißt, wie Susanne Offenbach etwas vornehmer interpretiert, dass der Vorfahre doch ziemlich hässlich gewesen sein musste. Offensichtlich war er das auch. Aber vor allem fällt es dem Rateteam schwer, auf die richtige Person zu kommen, da der alte Knigge eben nicht in erster Linie die Umgangsformen beim Essen, Ankleiden oder Ähnlichem im Sinn hatte, sondern zu Zeiten der Französischen Revolution Wert auf gute Sitten im Umgang der Menschen miteinander legen wollte. Und gerade das ist wohl weniger bekannt.

Mit Hilfe der Lotsin bringt es dann Bernd Schröder auch in diesem Fall wieder auf den Punkt. Bleibt noch der Letzte: der Adoptivsohn von Curt Götz. Erste Panne: Er muss zweimal über den Teppich laufen, da zunächst die Aufzeichnung gestört ist. Zweite Panne: Das Rateteam kommt partout nicht auf den Namen. Der „Sohn" auf der Couch wird allmählich unruhig. Dann platzt es aus ihm heraus: „Nun bin ich aber doch enttäuscht...". Was mich bei diesem Herrn, der sich seiner Besonderheit sehr wohl bewusst zu sein scheint, nicht verwundert.

Also muss die Lotsin einspringen. Endlich. Diesmal fällt bei Susanne Offenbach der Groschen. Dann hören wir noch leicht amüsiert, dass die Adoption erst im Alter von 45 Jahren erfolgte, da das zuerst adoptierte – und bis dahin einzige – Kind wegen ungebührlichem Verhalten nur mit dem Pflichtteil bedacht werden sollte.

So scheint das beträchtliche Vermögen von Curt Götz jetzt in den richtigen Händen zu liegen. Und wenn man bedenkt, dass dieser Herr zwischendurch schnell einmal im Baden-Badener Spielcasino war und 800,-- Euro gewonnen hat, bestätigt sich die Annahme.

*

Den Ausklang des Tages bildet das gemeinsame Abendessen bei „Leo´s", einem kleinen gemütlichen Restaurant unweit des Hotels. Wir erhalten eine Speisekarte mit dem Sonderdruck „SWR Produktion „Ich trage einen großen Namen" Baden-Baden, 22. Oktober 2004. Das Menü besteht aus „Salat von jungem Blattspinat mit im Wok gebratenen Jakobsmuscheln" als Vorspeise, „Carre`d` agneau in der Dijon-Senfkruste mit jungen Böhnchen und Kartoffeln au Gratin" als Hauptgericht und „Mousse au Chocolat" als Nachspeise. Dazu wird edler Badischer Rotwein serviert... Was sich genau hinter den Namen verbirgt, wird nicht verraten. Doch dieses Essen schmeckt exzellent. Am besten allerdings sind auch hier die Gespräche. Wieder spüren wir Interesse an unserer DDR-Vergangenheit, an dem Wirken der PDS und vielem mehr. Auch der kritische Blick auf den Umgang mit unserer Geschichte ist zu spüren. So kann Frau Offenbach beispielsweise absolut nicht verstehen, warum es in Berlin keine „Wilhelm-Pieck-Straße" mehr gibt...

Viele Details wären noch zu berichten. Lassen wir es dabei bewenden. Das unvergleichliche Erlebnis klingt mit einem Vormittag, den wir entspannt und ruhig genießen, aus. Am frühen Nachmittag besteigen wir das Flugzeug nach Berlin. Wieder zu Hause ist uns, als hätten wir das alles nur geträumt...

Doch die Wirklichkeit wird uns spätestens mit einem Brief vor Augen geführt, den mein Mann nach wenigen Tagen in Verbindung mit zwei Fotos, auf denen er mit Niccolò Paganini inmitten des Sendeteams zu sehen ist, erhält. Die Redaktionsleiterin Ulrike Schmid schreibt:

„Lieber Herr Professor Ebert, wir sind heute in unsere Stuttgarter Redaktionsräume zurückgekehrt und möchten uns zuallererst noch einmal ganz herzlich bedanken für Ihre Mitwirkung bei unserer Sendereihe „Ich trage einen großen Namen". Die Aufzeichnung mit Ihnen ist sehr gut gelungen und wir sind sicher, dass unsere Zuschauer die Sendung mit großem Interesse verfolgen werden. Eine Kopie der fertigen Folge werden wir Ihnen zuschicken, sobald die Sendung bearbeitet ist. Die Ausstrahlung Ihrer Folge wird im SÜDWEST-Sendegebiet am 10. April 2005 um 18.15 Uhr stattfinden. Die Sendetermine der anderen Sendegebiete liefern wir noch nach, sobald sie uns von den Kollegen bekannt gegeben werden. Mit herzlichen Grüßen und allen guten Wünschen für Sie und Ihre Frau bin ich

SÜDWESTRUNDFUNK TV/Journalistische Unterhaltung
Ihre Ulrike Schmid"

Anmerkung: Dass die Studio-Aufzeichnung für die Übertragung im Fernsehen leider um etwa die Hälfte gekürzt wird, wussten wir. Und doch bin ich dann ziemlich enttäuscht, weil gerade der Teil des Gespräches, der sich auf Georg und seinen Vater bezog, dem Schnitt zum Opfer fiel. Aber mein Mann sieht es gelassener. Immerhin wurde seine Sicht auf den Großvater, obwohl er sie differenzierter dargestellt hatte, nicht verfälscht.

FÜR MEINEN SCHICKSALSBOTEN

Die Karten lügen nicht,
sagst Du.

Und doch möchtest Du
mir die Zweifel nehmen
an der Drangsal des Schicksals.

Ich glaube Dir,
weil Du die Botschaften der Karten
verknüpfst mit dem eigenen Tun.

Weil Du mir Mut machst
mit dem, was in mir steckt,
und was ich dem Schicksal
entgegenzuhalten vermag,
wenn ich lerne, langsam zu gehen.
Wenn ich im Tun die Fähigkeit finde,
das Wichtige vom Notwendigen
zu unterscheiden.

Die Karten lügen nicht,
sagst Du.

Und ich wünsche mir,
dass es Dir gelingen möge,
Deinen Weitblick
und Deine Lebenserfahrung
klammheimlich unter meine Karten
zu mischen.

Die Wahrheit steckt in den Karten
und in Dir selbst,
sagst Du.

IN EIGENER SACHE

IDEEN – FRISCH GEPRESST

Meine Ideen
schwirren durch den Raum
in Hülle und Fülle.

Ich nehme einen Sack
und fange sie ein.

Sie wispern und knistern,
sie plustern sich auf.

Der Sack droht zu bersten –
ich setze mich drauf.

Dann schau ich hinein,
nehm eine heraus:

Frisch gepresst
wurde aus dem EIFER
eine REIFE Idee.

ICH BIN KEIN SCHILLER

Ich bin kein Schiller!
Doch ich liebe
das Spielen mit Worten,
wenn die Reime entfliehen
und sich die Silben
im Widerhall fangen.

Ich bin kein Schiller!
Doch ich spüre
die Seele der Verse,
wenn alle Sinne tanzen
und sich Gefühle
im Kreise drehen.

Nein, ein Schiller bin ich nicht!
Doch ich lege
im Banne der Götter,
wenn Gedanken fliegen
und Freudentränen
vom Himmel fallen,
dem Dichter
der Ode
mein sprechendes Herz
zu Füßen.

ROSEL EBERT

Geboren 1943 in Leipzig, lebt sie seit 1955 im Berliner Raum. Vor allem ihr nach 1990 erworbenes Diplom in Praktischer Psychologie und eine Weiterbildung zur Gruppenleiterin für Biografisches Schreiben haben die Beobachtungsgabe und Ausdrucksstärke der Autorin für im Detail liegende Besonderheiten des Lebens geschult, was in vielfältigen Gedichten, Geschichten und anderen literarischen Arbeiten zum Ausdruck kommt. Veröffentlichungen erfolgten vor allem bei BoD und im trafo-Verlag Berlin. Insbesondere: Bücher mit biografischem Hintergrund, unterhaltsame Sachbücher zur Charakterisierung zwischenmenschlicher Beziehungen, Märchenhaftes. In Verbindung mit ihrem Engagement im Verein der „Poeten vom Müggelsee" erschienen in den letzten Jahren diverse Bücher mit Gedichten und Kurzgeschichten.

Unter anderem:

„Jede Zeit braucht ihren Raum…"
Gemeinsam mit Volker Krastel:
„(UN-)Menschliches – Zwiefache Fantasien"
„Lyrische Melodien"
„Poetische Galaxien"
Gemeinsam mit weiteren Poeten:
„Die Tücken des Lebens"
„Lebensbogen"
Veröffentlichungen in Versbänden des Vereins und in anderen Anthologien.

Das vorliegende Buch ist eine Zusammenstellung von literarischen Arbeiten aus den Jahren 2004 – 2017, gewidmet vor allem den Menschen, die der Autorin nahe stehen. Die Zusammenstellung ist nicht zufällig gewählt. Die Autorin möchte damit den unterschiedlichen Neigungen ihrer Leser gerecht werden. Dem einen wird dieses, dem anderen jenes besser gefallen. Und doch sollte für jeden, der sich entschlossen hat, dieses Buch zur Hand zu nehmen, etwas Besonderes dabei sein. Etwas, das zum Nachdenken anregt, die Erinnerung weckt oder ganz einfach Vergnügen bereitet.

Geben Sie der Autorin ein Feedback. Sie wird sich freuen.

E-Mail: Ebertrosel@aol.com